SCHMITT 1984

OEUVRES COMPLÈTES

DE

SIR WALTER SCOTT.

Traduction Nouvelle.

PARIS,

CHARLES GOSSELIN et A. SAUTELET ET C°

LIBRAIRES-ÉDITEURS.

M DCCC XXVII.

OEUVRES COMPLÈTES

DE

SIR WALTER SCOTT.

TOME QUARANTE-UNIÈME.

IMPRIMERIE DE H. FOURNIER,
RUE DE SEINE, N° 14.

L'ABBÉ,

SUITE DU MONASTÈRE.

TOME TROISIÈME.

(The Abbot, being the sequel of the Monastery.)

L'ABBE,

SUITE DU MONASTÈRE.

(The Abbot, being the sequel of the Monastery.)

CHAPITRE XXVII.

> « Voyez vous s'avancer dans ce riant verger
> » La nymphe basanée et le riant berger ?
> » La gaîté les précède, et règne sans rivale.
> » Plus de distinction ; la joie est générale.
> » Sur le bras de son maître appuyé sans façon,
> « Le fermier pour un jour semble son compagnon. »
> SOMERVILLE. *Les Jeux champêtres.*

Le retour du chambellan dans la prairie fut un signal de joie pour la foule qui y était assemblée ; c'était une annonce que la comédie, ou la représentation dramatique, qu'on avait différée en son absence, ne tarderait pas à commencer. Ce genre d'amusement était encore tout nouveau pour l'Écosse, et n'en était que plus avidement recherché. Tous les autres divertissemens furent interrompus. La danse autour du mai cessa tout à coup, et chaque danseur, prenant sa danseuse par la main, courut avec elle vers le local destiné au spectacle favori, pour tâcher d'y prendre les meilleures places. Un gros ours brun attaché à un poteau, et quelques mâtins qui le harcelaient depuis une heure, conclurent une trêve par la médiation du maître de l'ours et de quelques bouchers qui, à grands coups de bâton, séparèrent ces animaux, dont le combat et la fureur avaient fait jusqu'alors tout leur amusement. Un ménestrel ambulant se vit abandonné par l'auditoire qu'il avait réuni autour de lui au couplet le plus intéressant de sa ballade, précisément à l'instant où il avait envoyé son jeune serviteur, la toque à la main, recueillir les offrandes du public. Il s'arrêta avec indignation au milieu des infortunes de Rosewal et de Lilian, et, remettant son violon à trois cordes dans son sac de cuir, suivit tristement la foule joyeuse qui courait à un spectacle offrant plus d'attraits que ses chants. Un jongleur cessa de vomir des flammes et de la fumée, et se contenta de respirer comme les simples mortels, au lieu de jouer gratuitement le rôle d'un dragon de la fable. En un mot, tous les jeux furent suspendus par le départ simultané de la foule, qui se rendait à un divertissement favori.

On se tromperait beaucoup si l'on cherchait à se faire une idée de ce spectacle d'après nos théâtres modernes. Il y avait moins de différence entre les grossiers essais de Thespis et les brillantes représentations du théâtre d'Athènes, lorsqu'on y jouait des tragédies d'Euripide avec toute la pompe des costumes et des décorations. Ici l'on ne voyait ni décorations, ni machines, ni théâtre, ni parterre, ni loges, ni galerie, ni foyer; mais ce qui pouvait, dans la pauvre Écosse, consoler de l'absence de tous ces accessoires, c'est qu'on ne demandait pas d'argent à la porte, comme la troupe du magnanime Bottom (1). Les acteurs avaient un tapis de verdure pour théâtre, et leur foyer était derrière un buisson d'aubépine. Les spectateurs étaient rangés sur un amphithéâtre de gazon, élevé sur les trois quarts du cercle, le dernier quart étant réservé pour l'entrée et la sortie des acteurs. Le chambellan était au centre de l'auditoire, comme le personnage le plus éminent du canton; le plaisir et l'admiration qui remplissaient tous les cœurs n'y laissaient aucune place à la critique.

Les personnages qui paraissaient et disparaissaient tour à tour devant l'auditoire attentif et enchanté étaient ceux qu'on trouve sur le théâtre de toutes les nations dans l'enfance de l'art dramatique : des vieillards trompés par leurs femmes et leurs filles, pillés par leurs fils, et jouets de leurs domestiques; un capitaine fanfaron, un pèlerin, un rustre, une coquette : mais celui qui plaisait plus lui seul que tous les autres ensemble était le fou privilégié, le *gracioso* du drame espagnol, qui, avec son bonnet terminé en crête de coq, et tenant en main sa marotte, allait, venait, se montrait dans presque toutes les scènes, n'avait part à l'action que pour en interrompre la marche, et prenait pour objet de ses plaisanteries, non-seulement les acteurs, mais souvent

(1) Personnage du *Songe d'une nuit d'été*, de Shakspeare. — Éd.

même les spectateurs, qui n'en applaudissaient pas moins.

L'esprit de la pièce, qui n'était pas du genre le plus châtié, était principalement dirigé contre les pratiques superstitieuses de la religion catholique, et cette artillerie de théâtre avait été pointée par un personnage qui n'était rien moins que le docteur Lundin. Non-seulement il avait ordonné au directeur de la troupe de choisir une des nombreuses satires qui avaient été écrites à cette époque contre le catholicisme, et dont plusieurs avaient une forme dramatique ; mais, comme le prince de Danemarck (1), il y avait même fait insérer, ou, pour me servir de sa propre expression, fait infuser çà et là quelques plaisanteries de sa façon sur ce sujet inépuisable, se flattant d'adoucir ainsi la sévérité avec laquelle lady Lochleven condamnait tous les passe-temps de cette nature. Quand on arrivait à quelqu'un de ces passages, il ne manquait pas de pousser le coude à Roland, assis à son côté, et de lui recommander une attention particulière. Le page, qui n'avait pas la moindre idée d'une représentation théâtrale, même de ce genre grossier, était ravi en extase, et ne cessait de rire, d'applaudir et de battre des mains. Il arriva enfin un incident qui détourna l'intérêt qu'il prenait à la pièce.

Un des personnages principaux était, comme nous l'avons déjà dit, un pèlerin, un de ces vagabonds qui colportaient d'un pays à l'autre des reliques véritables ou supposées, à l'aide desquelles ils trompaient la populace en excitant sa dévotion et sa charité. L'hypocrisie, l'impudence et la dépravation de ces pèlerins, les avaient rendus l'objet de la satire, depuis le temps de

(1) Hamlet. — Éd.

Chaucer jusqu'à celui d'Heywood. Cette fois, le représentant de cette classe, alors assez nombreuse, entrait bien dans l'esprit du rôle, s'étant muni de petits os en guise de reliques, et débitant des petites croix d'étain, qui avaient été bénites à Lorette, et des coquilles qui avaient touché la châsse de saint Jacques de Compostelle en Galice, trésors dont il disposait, en faveur des dévots catholiques, à un prix presque aussi élevé que celui que paient encore de nos jours certains antiquaires pour des objets de même valeur intrinsèque ; enfin le pèlerin tira de sa mallette une petite fiole pleine d'une eau dont il vanta les vertus dans les rimes suivantes :

> Écoutez tous, petits et grands !
> Dans le pays de Babylone,
> Où les Juifs pendant soixante ans
> De David pleurèrent le trône,
> Des flancs d'un rocher sourcilleux
> On voit jaillir une onde claire
> Tombant dans un bassin de pierre,
> Et riche trésor de ces lieux.
> La chaste Suzanne naguère
> Allait souvent prendre son bain
> Dans cette source solitaire :
> Le ciel a doué ce ruisseau
> D'une vertu fort singulière :
> Par le peu que contient ce verre
> Vous allez connaître cette eau !
> Une femme a-t-elle en cachette
> Fait ce qu'on ne dit que tout bas ;
> Loin de sa mère une fillette
> A-t-elle aussi fait un faux pas ;
> Si de leur nez ma main approche,
> Cette eau, que d'un pays lointain,
> Malgré les périls du chemin,
> Je vous apportai dans ma poche,
> On les entend éternuer soudain.

Le lecteur un peu versé dans les naïvetés du drame

du moyen âge apercevra facilement que cette plaisanterie roulait sur le même pivot que les anciens fabliaux de la coupe du roi Arthur, et de court-mantel ou manteau mal taillé. Mais l'auditoire n'avait ni assez d'érudition ni assez de critique pour s'apercevoir de ce plagiat. Ce redoutable talisman fut placé tour à tour, avec toutes les bouffonneries convenables, sous le nez de tous les personnages du drame, jouant des rôles de bouffon; et aucun ne put supporter à son honneur la prétendue épreuve de sagesse : tous, à la grande satisfaction des spectateurs, éternuèrent plus fort et plus long-temps qu'ils n'y comptaient peut-être eux-mêmes. Cette scène ayant produit tout son effet, le pèlerin commençait une autre plaisanterie, quand le fou, s'emparant de la fiole qui contenait la liqueur merveilleuse, la porta tout à coup au nez d'une jeune fille qui, le visage couvert d'un voile de soie noire, était assise au premier rang des spectateurs, et paraissait tout occupée de ce qui se passait sur la scène. Le liquide qui y était contenu était de nature à soutenir l'honneur de la légende du pèlerin; car son efficacité agit à l'instant sur les nerfs olfactifs de la demoiselle, et la fit éternuer si violemment, que tout l'auditoire partit d'un grand éclat de rire. Mais les rieurs ne furent pas long-temps pour le fou, car la jeune fille, entre deux éternuemens, lui appliqua un soufflet si vigoureux, qu'il en fut renversé, et tomba à quelques pas du pèlerin.

Personne ne plaint un bouffon victime de sa bouffonnerie; et les spectateurs se mirent à rire sur nouveaux frais quand le fou, s'étant relevé, se plaignit amèrement du traitement qu'il venait de recevoir. Mais le chambellan ne partagea pas la gaieté générale, et, trouvant que sa dignité avait été offensée, il ordonna à deux satellites de lui amener la coupable. Ceux-ci s'avancèrent vers la virago; mais elle se mit en attitude de défense, les poings en avant, comme si elle eût résolu de leur résister; et, d'après la preuve de vigueur et de courage qu'elle venait de donner, les deux porteurs de hallebarde ne montrèrent pas d'empressement à exécuter leur mission, ralentirent le pas, et s'arrêtèrent à une distance respectueuse. Cependant la jeune fille avait déjà changé d'avis, et soit qu'elle eût réfléchi que la résistance serait inutile, soit qu'elle eût envie de braver le grand homme, elle s'enveloppa modestement de son manteau, quitta sa place, et s'avança volontairement vers le docteur, suivie des deux braves estafiers. En faisant ce trajet, elle montra cette légèreté, cette élasticité et cette grace dont la beauté est presque toujours accompagnée, selon les connaisseurs. D'ailleurs son corset rouge serrait une taille bien prise, et son jupon court, de même couleur, laissait apercevoir une jambe fine et bien tournée.

Elle s'arrêta devant le siège doctoral : ses traits étaient cachés sous un voile; mais le chambellan, qui, malgré sa gravité, avait des prétentions à être docteur dans plus d'une science, en avait vu assez pour juger favorablement de la pièce d'après l'échantillon.

Il prit néanmoins un air sévère. — Eh bien, jeune effrontée, que m'alléguerez-vous pour que je n'ordonne pas qu'on vous fasse faire le plongeon dans le lac, pour vous punir d'avoir osé lever la main en ma présence.

— Parbleu! répondit-elle avec hardiesse, je vous dirai que vous êtes trop bon médecin pour m'ordonner un bain froid sans que j'en aie besoin.

— La fine matoise! dit tout bas le docteur à Roland; et je vous garantis qu'elle est jolie : elle a la voix douce comme un sirop. Mais, jeune fille, il est convenable que nous voyions à qui nous avons affaire; ayez la bonté de lever votre voile.

— J'espère que Votre Honneur voudra bien attendre que nous soyons tête à tête, lui dit-elle; j'ai des connaissances ici, et je ne voudrais pas qu'on sût quelle est la pauvre fille que ce maudit fou a prise pour l'objet de ses bouffonneries.

— Ne craignez rien pour votre bonne renommée, mon petit morceau de sucre candi, répliqua le docteur; je vous proteste, aussi vrai que je suis chambellan de Lochleven et de Kinross, que la chaste Suzanne elle-même n'aurait pas pu renifler sans sternutation cet élixir, qui n'est dans le fait qu'un extrait distillé d'*acetum* rectifié, ou vinaigre du soleil, préparé par mes mains. Ainsi donc, sous votre promesse de venir me trouver en particulier pour m'exprimer votre contrition de l'offense dont vous vous êtes rendue coupable, retournez à votre place, et que les jeux continuent comme s'ils n'avaient pas été interrompus.

La jeune fille fit une révérence, et fut reconduite à la place qu'elle venait de quitter. Le spectacle continua; mais Roland n'était plus en état d'y donner un moment d'attention.

La voix, la taille, et tout ce que le voile lui avait permis de voir du cou et des cheveux de la jeune villageoise, avaient une telle ressemblance avec Catherine Seyton, qu'il se croyait abusé par le prestige d'un songe. La scène mémorable de l'hôtel de Saint-Michel lui revint à l'esprit avec toutes ses circonstances merveilleuses. Les contes d'enchantemens qu'il avait lus dans les romans se trouvaient-ils réalisés en cette fille extraordinaire? Avait-elle pu quitter le château de Lochleven, entouré de murailles élevées, environné de tous côtés par un lac, sur lequel il jeta un coup d'œil, comme pour s'assurer s'il existait encore, et gardé avec tout le soin qu'exigeait la sûreté de ceux qui s'étaient emparés de l'administration du royaume? Avait-elle pu surmonter tous ces obstacles, et avait-elle ensuite osé braver tous les dangers au point de se servir de sa liberté pour venir se faire publiquement une querelle dans une foire de village? Il ne savait ce qui était le plus inexplicable, de la manière dont elle avait pu sortir du château, changer de costume, et se transporter si promptement à Kinross, ou de la conduite hardie et décidée dont il venait d'être témoin.

Perdu dans ces réflexions, il avait toujours les yeux fixés sur celle qui en était l'objet; et, dans chaque geste, dans chaque mouvement qu'elle faisait, il découvrait ou croyait découvrir quelque chose qui lui rappelait encore plus fortement Catherine Seyton. Il pensa plus d'une fois qu'il se trompait peut-être lui-même en s'exagérant quelques traits de ressemblance accidentelle pour en conclure une identité de personne; mais alors le page d'Édimbourg se représentait à son esprit, et il paraissait tout-à-fait invraisemblable que, dans des circonstances différentes, la seule force de l'imagination eût pu deux fois lui jouer le même tour. Pour cette fois cependant il résolut de sortir de doute, et il fut pendant tout le reste du spectacle comme un chien en arrêt, prêt à s'élancer sur le lièvre à l'instant où il le verrait prendre la fuite. La jeune fille qu'il épiait avec tant de soin, de peur qu'elle ne lui échappât en se perdant dans la foule quand la pièce serait finie, ne semblait pas s'apercevoir qu'elle fût le but de ses regards; mais le digne docteur suivit la direction de ses yeux, et fut assez magnanime pour renoncer à devenir le Thésée de cet Hippolyte, en faveur des droits de l'hospitalité, qui, selon ses idées, lui défendaient de troubler son jeune ami dans ses poursuites amoureuses. Il se contenta de lancer deux ou trois sarcasmes sur l'attention marquée que le page ne cessait d'accorder à la belle inconnue, et sur la jalousie qu'il en éprouvait, en ajoutant cependant que si on les offrait tous deux à la jeune personne, il ne doutait pas qu'elle ne préférât les ordonnances du plus jeune.

— Je crains, ajouta-t-il, que nous n'ayons pas de nouvelles du coquin d'Auchtermutchty; car les drôles que j'ai envoyés à sa rencontre ne reviennent pas plus que le corbeau de l'arche. Ainsi, maître page, vous avez une heure ou deux à votre disposition; et comme, maintenant que la pièce est finie, les ménestrels accordent leurs instrumens, si vous aimez la danse, le terrain est libre, et je sais qui vous inviterez à danser. Je me flatte que vous conviendrez que j'ai des connaissances en diagnostique, car il ne m'a fallu que la moitié d'un œil pour voir quelle est votre maladie, et je vous en indique un remède agréable:

Discernit sapiens res quas confundit asellus (1);

comme dit Chalmers.

Le page entendit à peine la fin de ce docte adage, et encore moins la recommandation que lui fit le cham-

(1) Le sage distingue ce que le sot confond. — Tr.

bellan de ne pas s'écarter, afin d'être prêt à partir au premier signal, le fourgon pouvant arriver d'un moment à l'autre, tant il était pressé de se débarrasser de son docte compagnon, et de satisfaire sa curiosité relativement à la jeune inconnue. Cependant, malgré l'empressement avec lequel il courut vers elle, il eut le temps de réfléchir que, pour se ménager l'occasion de converser avec elle, il ne fallait pas l'accoster de manière à l'alarmer. Il tâcha donc de reprendre un peu de sang-froid; et, écartant trois ou quatre jeunes villageois qui avaient le même dessein que lui, mais qui ne savaient encore comment tourner le compliment qu'ils voulaient faire à la belle voilée, il se présenta devant elle d'un air de confiance, et lui dit qu'il venait la prier de l'honorer de sa main pour une gigue, comme substitut du vénérable chambellan.

— Le vénérable chambellan, répondit-elle en lui donnant la main, agit très-sagement en remplissant par substitut cette partie de ses fonctions; et je suppose que les lois de la fête ne me laissent d'autre alternative que d'accepter la proposition de son fidèle délégué.

— Pourvu, belle demoiselle, que le choix de ce délégué ne vous soit pas tout-à-fait désagréable.

— C'est ce que je vous dirai quand nous aurons dansé la première mesure.

Nous avons déjà dit que Catherine Seyton possédait le talent de la danse, et qu'elle en faisait quelquefois usage pour tâcher de distraire un instant de ses chagrins l'infortunée Marie Stuart. Roland Græme en avait souvent été témoin, et plus d'une fois même il avait dansé avec elle par ordre de la reine. Il connaissait donc la manière de danser de Catherine, et il remarqua que sa danseuse actuelle avait la même grace et la même agilité, autant de justesse dans l'oreille et de précision dans l'exécution. La seule différence était que la gigue écossaise qu'il dansait en ce moment avec elle exigeait des mouvemens plus vifs et plus rapides que les pavanes, les menuets et les courantes qu'il avait dansés avec elle en présence de la reine ; et elle ne s'en acquittait pas moins bien. L'activité qu'exigeait cette danse lui laissait peu de temps pour réfléchir, et encore moins pour causer avec elle; mais quand leur pas de deux fut fait au milieu des acclamations des villageois, qui n'avaient jamais vu danser avec tant de grace, et qu'ils eurent cédé la place à un autre couple, il entra en conversation avec la mystérieuse inconnue, dont il tenait encore la main.

— Ma belle partner, lui dit-il, m'est-il permis de vous demander le nom de celle qui a bien voulu danser avec moi?

— Sans doute, répondit-elle; mais la question est de savoir si je voudrai vous le dire.

— Et pourquoi ne le voudriez-vous pas?

— Parce que personne n'aime à donner rien pour rien, et que vous ne pouvez rien me dire que je me soucie d'entendre.

— Ne puis-je pas vous dire mon nom en échange du vôtre?

— Vous ne le savez pas vous-même.

— Que voulez-vous dire? s'écria Roland, qui sentit le feu lui monter au visage.

— Ne vous fâchez pas pour si peu de chose. Je puis

vous faire voir que je vous connais mieux que vous ne vous connaissez vous-même.

— En vérité! Et pour qui donc me prenez-vous?

— Pour un canard sauvage qu'un chien pêcha dans un étang, et porta dans certain château; pour un faucon à qui l'on n'ose donner le vol, de peur qu'il n'oublie le gibier pour se jeter sur une charogne, et qu'on est obligé de tenir chaperonné jusqu'à ce qu'il soit en état de faire usage de ses yeux et de discerner la proie qu'il doit suivre.

— Eh bien, soit! je comprends une partie de votre parabole, belle demoiselle; mais je vous connais aussi bien que vous me connaissez; et je n'ai nul besoin de l'information que je vous avais demandée par forme d'acquit.

— En vérité! Prouvez-moi cela, et je vous accorderai plus de pénétration que je n'étais disposée à vous en supposer.

— Je puis le faire à l'instant. Votre nom commence par un S, et finit par un N.

— Admirable! Continuez.

— Il vous plaît aujourd'hui de porter un corset et un cotillon; demain peut-être on vous verra avec une toque surmontée de plumes, en haut-de-chausses et en manteau pourpre.

— C'est toucher le but, frapper dans le blanc, s'écria l'inconnue avec gaieté.

— Vous êtes une enchanteresse assez puissante pour fasciner les yeux des hommes, et leur ôter la disposition de leur cœur.

Roland prononça ces derniers mots en baissant la voix, et avec un accent de tendresse qui, à sa grande mortification, redoubla la disposition de l'inconnue à la gaieté, et lui occasiona un éclat de rire prolongé. Quand cet accès fut un peu calmé, — Si vous me regardiez comme si redoutable, lui dit-elle en retirant sa main qu'il tenait encore, vous avez eu un grand tort de danser avec moi. Mais je vois que vous me connaissez si bien, qu'il est inutile de vous montrer mon visage.

— Belle Catherine, dit le page, celui qui aurait vécu si long-temps avec vous sous le même toit, qui aurait servi la même maîtresse, et qui ne reconnaîtrait pas votre tournure élégante, votre air gracieux, votre démarche aisée, votre danse légère et animée, votre taille svelte, et la symétrie parfaite de toutes vos proportions, serait indigne de vous avoir jamais vue. Il faudrait être aveugle pour ne pas vous reconnaître à tant de marques; et quant à moi, je n'aurais eu besoin pour cela que de voir une seule tresse de ces beaux cheveux.

— Et par conséquent, vous reconnaîtrez encore mieux mon visage, dit la jeune fille : et en même temps, rejetant de côté le voile qui la couvrait, elle fit voir à Roland tous les traits de Catherine Seyton : mais une impatience qui allait presque à la colère couvrit ses joues d'une rougeur extraordinaire, quand, voulant au même instant ramener son voile sur sa figure, une sorte de gaucherie l'empêcha de faire ce mouvement avec cette dextérité qui était un des principaux talens des coquettes de cette époque.

— Au diable soit le voile ! s'écria-t-elle en cherchant à se couvrir de nouveau du voile qui lui flottait sur les épaules; et elle prononça ces mots d'un ton si ferme et si décidé que Roland tressaillit de surprise. Il la regarda de nouveau, et ses yeux l'assurèrent encore que c'était bien Catherine Seyton qui était assise à son côté. Il l'aida à replacer son voile, et tous deux gardèrent le silence quelques instans. La jeune fille le rompit la première; car le page était muet de surprise en voyant tout ce que le caractère et la personne de Catherine offraient de contradictoire.

— Vous semblez étonné de ce que vous voyez et de ce que vous entendez, lui dit-elle; mais le temps qui change les femmes en hommes est le moment où il convient le moins aux hommes de devenir femmes; et cependant vous êtes sur le point de subir une semblable métamorphose.

— Moi! s'écria Roland.

— Vous-même, en dépit de la hardiesse dont vous faites parade. Quand vous devriez rester fermement attaché à votre religion, à l'instant où vous la voyez attaquée par des traîtres, des rebelles et des hérétiques, vous la laissez sortir de votre cœur comme de l'eau qui s'échapperait à travers vos doigts. Si la crainte que vous inspire un traître vous éloigne de la foi de vos pères, si vous vous laissez séduire par les argumens captieux d'un prédicateur d'hérésie, ou par les louanges d'une vieille puritaine; si l'espoir d'avancer dans le monde et d'obtenir une part dans les dépouilles de l'Église, vous fait oublier vos premiers devoirs, n'est-ce pas véritablement agir en femme? Vous semb'ez tout surpris de m'entendre proférer un jurement ou une imprécation; mais vous, qui aspirez au rang de gentilhomme et au titre de chevalier, ne devriez-vous pas être plus étonné de vous touver tout à la fois lâche, crédule et intéressé?

— Je voudrais qu'un homme osât me parler ainsi

avant qu'il eût vieilli d'une minute, il verrait s'il a sujet de me reprocher de la lâcheté.

— Prenez garde de vous trop avancer, dit la jeune fille : vous disiez tout à l'heure que je porte quelquefois le haut-de-chausses et le manteau.

— Et quoi que vous portiez, vous n'en êtes pas moins Catherine Seyton, répondit le page en tâchant de se remettre en possession de sa main.

— Il vous plaît de me nommer ainsi, répliqua-t-elle en mettant sa main sous son manteau; mais j'ai encore plus d'un autre nom.

— Et ne voulez-vous pas répondre à celui qui vous assure la supériorité sur toutes les jeunes filles d'Écosse ?

La demoiselle, sans se laisser prendre à ces douceurs, gardait son ton de réserve, et elle répondit en chantant gaiement ces couplets d'une vieille ballade :

> Selon les uns, *Jack* est mon nom, ma belle !
> Et je suis *Gill* selon d'autres, parfois !
> Mais quand j'accours au palais de nos rois,
> C'est *Will le Feu* que je m'appelle.

— Will le Feu! s'écria la page d'un ton d'impatience; dites plutôt *feu follet*, ou Jack avec sa lanterne (1); car jamais il n'exista météore plus errant ou plus trompeur.

— Si cela est, reprit la jeune danseuse, je n'engage pas les fous à me suivre. S'ils le font, c'est à leur péril, et volontairement.

— Je vous en supplie, ma chère Catherine, parlons raison un instant.

(1) Nom populaire du feu follet. — Éd.

— Puisque vous voulez m'appeler votre chère Catherine après que je vous ai donné tant d'autres noms à choisir, je vous demanderai comment il peut se faire, si vous supposez que j'aie pu sauver deux ou trois heures de ma vie de l'ennui du vieux château, que vous soyez assez cruel pour me demander de la raison pendant les seuls instans de gaieté dont j'aie peut-être joui depuis plusieurs mois.

— Sans doute, belle Catherine; mais vous conviendrez qu'il y a des momens de sensibilité qui valent dix mille ans de la gaieté la plus vive. Tel fut hier celui où vous daignâtes...

— Daignâtes! quoi? demanda vivement la jeune fille.

— Approcher vos lèvres si près du signe que vous aviez tracé sur mon front.

— Mère du ciel! s'écria-t-elle avec emportement, et en se levant d'un air tout-à-fait masculin; entends-je bien dire que Catherine Seyton a approché ses lèvres du front d'un homme, et que tu es cet homme? Vassal, tu mens.

Le page fut au comble de la surprise; mais, s'imaginant qu'il avait alarmé la délicatesse de miss Seyton en faisant allusion au moment d'enthousiasme qu'elle avait éprouvé la veille, il s'efforça de bégayer quelques excuses; et, quelque gauches qu'elles fussent, sa compagne, qui avait jugé à propos de supprimer son indignation après sa première explosion, parut s'en contenter.

— N'en parlons plus, dit-elle; mais à présent séparons-nous: une si longue conversation pourrait nous exposer à des remarques, et nous avons tous deux des raisons pour les éviter.

— Permettez-moi donc de vous suivre dans quelque lieu moins fréquenté.

— Vous ne l'oseriez.

— Et pourquoi ne l'oserais-je pas? où pourriez-vous aller sans que j'osasse vous suivre?

— Vous craignez un feu follet; comment feriez-vous face à une enchanteresse montée sur un dragon vomissant des flammes?

— Comme un brave chevalier errant. Mais ce sont des prodiges qu'on ne voit plus de nos jours.

— Je vais chez la mère Nicneven, dit la jeune fille, et elle est assez sorcière pour monter le diable lui-même avec un fil de soie rouge pour bride, et une branche de frêne pour houssine.

— N'importe, je vous y suivrai.

— Que ce soit donc à quelque distance.

A ces mots, elle se mit en marche vers le bourg. Roland la suivit à quelques pas, en prenant toutes les précautions nécessaires pour que personne ne pût s'apercevoir qu'il l'accompagnait, et surtout pour ne pas la perdre de vue un seul instant.

CHAPITRE XXVIII.

> « Oui, c'est celui dont l'œil veilla sur ton enfance
> » Qui fonda tant d'espoir sur ton adolescence,
> » Et qui, trompé par toi, te voit avec douleur
> » Oublier tes devoirs, tes sermens, ton honneur. »
>
> *Ancienne comédie.*

A l'entrée de la principale rue, ou, pour mieux dire, de l'unique rue de Kinross, la jeune fille, que Roland Græme suivait à quelque distance, se retourna comme pour s'assurer qu'il n'avait pas perdu ses traces; et, le voyant les yeux fixés sur elle, tourna sur la droite, et entra dans un sentier non pavé, bordé de chaumières tombant en ruines. Après y avoir fait environ deux cents pas, elle s'arrêta à la porte d'une des plus misérables de ces cabanes; et, après y avoir jeté un second coup d'œil sur le page, elle leva le loquet, ouvrit la porte, et disparut à ses yeux.

Quelque empressement que mit le page à suivre son

exemple, la difficulté que lui opposèrent le loquet, qui ne s'ouvrait pas tout-à-fait à la manière ordinaire, et la porte, qui ne céda pas à son premier effort, retarda une minute ou deux son entrée dans la chaumière. Alors un passage sombre régnait, suivant l'usage, entre le mur extérieur et la cloison qui en séparait les appartemens. Au bout de ce corridor, il trouva la porte qui conduisait dans l'intérieur ; et au bruit qu'il fit en cherchant le loquet dans l'obscurité, une voix de femme s'écria d'un ton aigre : *Benedictus qui venit in nomine Domini, damnandus qui in nomine inimici* (1).

En entrant dans la chambre, il aperçut la femme que le chambellan lui avait désignée sous le nom de la mère Nicneven, assise près du foyer ; mais elle était seule. Il regarda autour de lui, fort surpris de ne pas apercevoir Catherine Seyton ; et il avait à peine jeté les yeux sur la prétendue sorcière, quand elle attira son attention par le ton dont elle lui demanda : — Que cherches-tu ici ? — Je cherche, répondit le page avec embarras, je cherche....

Il n'eut pas le temps d'en dire davantage. La vieille femme, jetant par terre le mouchoir qui lui couvrait la tête, et fronçant de gros sourcils gris de manière à former mille rides sur son front, le saisit par le bras, et, le traînant jusqu'à une petite fenêtre, qui jetait un peu de clarté dans la chambre, se redressa d'un air d'autorité, et fit voir à Roland les traits de Magdeleine Græme.

— Oui, Roland, lui dit-elle, c'est bien moi. Tes yeux ne te trompent pas, ils te font voir celle que tu as toi-même trompée, celle dont tu as changé le vin en fiel, le pain en poison, l'espérance en désespoir : c'est elle

(1) Béni soit celui, etc. — Tr.

qui te demande ce que tu viens chercher ici ; celle dont le plus grand péché envers le ciel est de t'aimer plus que l'intérêt de l'Église ne le permettait, qui n'a pu, sans une lutte terrible, te dévouer même à la cause de Dieu ; c'est elle, encore une fois, qui te demande : — Que viens-tu chercher ici ?

En parlant ainsi, elle fixait sur le jeune homme de grands yeux noirs, dont l'expression était semblable à celle avec laquelle l'aigle regarde la proie qu'il va déchirer. Roland se sentit en ce moment hors d'état de parler ou de faire un mouvement. Cette femme extraordinaire avait conservé sur lui, jusqu'à un certain point, l'ascendant qu'elle avait acquis pendant son enfance. Il savait d'ailleurs quelle était la violence de ses passions, et combien la moindre contradiction la mettait hors d'elle-même ; et il craignait que tout ce qu'il pourrait lui dire ne servît qu'à la jeter dans un transport de rage. Il garda donc le silence, et Madeleine lui demanda de nouveau, mais avec une véhémence toujours croissante : — Que cherches-tu ici ? Y cherches-tu l'honneur auquel tu as renoncé, la foi que tu as trahie, les espérances que tu as détruites ? Est-ce moi que tu cherches, moi la seule protectrice de ton enfance, l'unique mère que tu aies jamais connue ? Viens-tu fouler aux pieds mes cheveux blancs, comme tu as déjà foulé aux pieds les vœux les plus ardens de mon cœur ?

— Pardonnez-moi, ma mère, dit enfin Roland Græme ; mais, en vérité, je ne mérite point vos reproches. Vous m'avez traité tous, vous, ma mère, aussi bien que les autres, comme un être qui manque des attributs les plus ordinaires du bon sens ou de la raison, ou du moins qu'on ne juge pas digne de s'en servir, ni d'avoir le libre exercice de sa volonté. J'ai été conduit comme dans une terre d'enchantemens ; on m'a environné de prestiges ; je n'ai vu que des êtres déguisés ; on ne m'a parlé qu'en paraboles ; j'ai été comme un homme qui fait un rêve fatigant et incompréhensible, et vous me blâmez de n'avoir pas le jugement, le sang-froid et la fermeté d'un homme bien éveillé, d'un homme qui raisonne, qui sait ce qu'il fait, et pourquoi il le fait ! Quand on est témoin de choses qui semblent des visions plutôt que des réalités, c'en est assez pour ébranler la foi la mieux affermie, et déranger la tête la plus saine. Je cherchais ici, puisqu'il faut avouer ma folie, cette même Catherine Seyton avec qui vous m'avez fait faire connaissance, et que j'ai été fort surpris de trouver dans le bourg de Kinross, disputant de gaieté avec les gens les plus gais, tandis que je l'avais laissée une heure auparavant dans le château bien gardé de Lochleven, triste compagne d'une reine prisonnière. C'était elle que je cherchais ici, et je suis bien surpris de vous y trouver en sa place, ma mère, plus étrangement déguisée qu'elle ne l'était elle-même.

— Et qu'as-tu besoin de Catherine Seyton ? Sommes-nous dans un temps à danser autour d'un mai avec de jeunes filles ? Quand la trompette appellera tous les fidèles Écossais sous les drapeaux de leur souveraine légitime, faudra-t-il te chercher dans le boudoir d'une femme ?

— Non, de par le ciel ! ni entre les murailles d'un vieux château. Plût à Dieu que ce son se fît entendre dès à présent ; car lui seul me paraît capable de dissiper les visions fantastiques dont je suis entouré.

— Tu l'entendras, Roland ; il retentira dans toute

l'Écosse avec une force qui ne sera surpassée que par le bruit terrible des trompettes qui annonceront aux montagnes et aux vallées que le temps n'existe plus. En attendant, sois brave et constant; sers ton Dieu et ta souveraine; conserve ta foi. Je ne puis, ni ne veux, ni n'ose te demander jusqu'à quel point tout ce que j'ai entendu dire de ta chute est vrai. Ne consomme pas ce sacrifice de perdition.... Et cependant, encore à présent, tu peux réaliser tout ce que j'ai attendu du fils de mes espérances? que dis-je! du fils de mes espérances? tu es l'espoir de l'Écosse, tu peux être son honneur et sa gloire; tes souhaits les plus insensés peuvent même s'accomplir. J'ai honte de mêler des vues sordides à la noble récompense que je fais briller à tes yeux; j'ai honte, étant qui je suis, de parler des folles passions de la jeunesse autrement qu'en termes de mépris et de blâme : mais on offre des dragées aux enfans pour leur faire prendre une médecine salutaire; et c'est en lui présentant l'espoir du plaisir qu'on obtient de la jeunesse des traits de grandeur d'ame et de dévouement. Fais donc bien attention à ce que je te dis, Roland : Catherine Seyton n'accordera son cœur qu'à celui qui accomplira la délivrance de la reine sa maîtresse; et il peut être en ton pouvoir d'être cet heureux mortel. Ne conserve donc ni doute ni crainte, et prépare-toi à faire ce que la religion te demande, ce que requiert ton pays, ce qu'exigent ton devoir et ta fidélité. Sois assuré que ce n'est qu'ainsi que tu peux voir combler tes désirs secrets.

Comme elle finissait de parler, quelqu'un frappa à la porte. Elle reprit à la hâte son chapeau et son mouchoir, et s'assit près du foyer.

— Qui est là? demanda-t-elle.
— *Salve in nomine sancto*, répondit-on.
— *Salvete et vos*, répliqua Magdeleine.

Au même instant Roland vit entrer un homme portant le costume ordinaire des gens composant la suite de quelque seigneur, c'est-à-dire ayant une épée suspendue à un ceinturon, et tenant à la main gauche un bouclier.

— Je vous cherchais, ma sœur, ainsi que celui que je vois avec vous. S'adressant alors à Roland Græme :
— N'avez-vous pas un paquet de George Douglas? lui demanda-t-il.

— J'en ai un, répondit Roland, se rappelant tout à coup ce qu'il avait reçu le matin; mais je ne puis le remettre qu'à celui qui me prouvera qu'il a droit de me le demander.

— La précaution est aussi sage que juste, répondit l'homme d'armes. S'approchant alors de Roland, il lui dit à l'oreille : — Le paquet de George Douglas contient le rapport adressé à son père. Vous voyez que je suis au fait. Cela vous suffit-il?

— Oui, répondit Roland en lui remettant sa missive.

— Je reviendrai dans un instant, dit l'homme d'armes; et il sortit de la chaumière.

Roland était alors assez remis de sa surprise pour adresser à son tour la parole à son aïeule, et lui demander pourquoi il la trouvait ainsi déguisée dans un endroit si dangereux pour elle. — Vous ne pouvez ignorer, lui dit-il, la haine que lady Lochleven porte aux personnes qui professent votre... je veux dire notre religion. Votre déguisement vous expose à d'autres soupçons, qui n'entraînent pas moins de dangers. Qu'on vous suspecte d'être catholique, sorcière ou amie de la reine, le risque n'en est pas moins grand pour vous, si l'on vous saisit dans l'étendue de la juridiction d'un Douglas, et vous avez un ennemi, un ennemi personnel dans le chambellan, qui est revêtu ici de l'autorité suprême.

— Je le sais, dit la matrone d'un air de triomphe; je sais que, fier de sa science scolastique et de sa sagesse mondaine, Luc Lundin est jaloux des guérisons miraculeuses qu'ont opérées quelques remèdes bien simples, aidés de mes prières et de la protection des saints. Je sais qu'il voudrait me déchirer et m'anéantir; mais le dogue hargneux est enchaîné; il porte une muselière; sa fureur est impuissante, et il ne pourra mordre la servante du maître avant que l'œuvre de ce maître soit accomplie. Quand cette heure sera arrivée, que les ombres du soir descendent sur ma tête au milieu des éclairs et des éclats du tonnerre, je bénirai l'instant où mes yeux ne s'ouvriront plus sur le crime, où mes oreilles n'entendront plus le blasphème. Sois seulement constant, joue ton rôle comme j'ai joué, comme je jouerai le mien, et ma mort sera celle d'un bienheureux martyr que les anges reçoivent avec des chants d'allégresse, tandis que la terre le charge de malédictions.

Elle finissait à peine ces mots, que l'homme d'armes rentra dans la chaumière.

— Tout va bien, dit-il: l'affaire tient, et le temps est fixé à demain soir.

— Quelle affaire? quel temps? s'écria Roland: j'espère que mon paquet n'est pas tombé en mauvaises mains.

— Soyez sans inquiétude, jeune homme; ne vous ai-je pas donné ma parole, et des preuves que le paquet m'était destiné?

— Les preuves pourraient être trompeuses, et je ne devais peut-être pas si facilement croire à la parole d'un étranger.

— Eh bien, dit Magdeleine, quand tu aurais remis entre les mains d'un sujet loyal de la reine un paquet qui t'aurait été confié par un rebelle, ne serait-ce pas un grand malheur, jeune écervelé?

— Un très-grand, de par saint André! s'écria le page. Le premier devoir de ma place est d'être fidèle à ceux qui m'emploient; et si le diable me donnait une commission, et que je m'en chargeasse, je ne trahirais pas sa confiance pour un ange de lumière.

— Par toute la tendresse que j'ai eue pour toi, s'écria la matrone, je t'immolerais de mes propres mains si je t'entendais répéter ce que tu dois à des rebelles et à des hérétiques plus qu'à ta souveraine et à l'Église.

— Patience, ma sœur, dit l'homme d'armes; je lui donnerai des raisons qui vaincront ses scrupules. Ses sentimens lui font honneur, quoiqu'ils soient mal placés et mal appliqués. Suivez-moi, jeune homme.

— Avant que j'aille me faire rendre compte par cet étranger de sa conduite, dit Roland à Magdeleine, dites-moi si je puis faire quelque chose pour vous.

— Rien, mon fils, répondit-elle, rien. Veille seulement à ce que je n'apprenne rien qui puisse blesser ton honneur, ton véritable honneur. Les saints qui m'ont protégée jusqu'ici ne m'abandonneront pas dans le moment du besoin. Marche dans le chemin de la gloire ouvert devant toi, et ne pense à moi que comme à une servante du ciel, qui apprendra avec des transports de joie et de reconnaissance les succès qu'il daignera t'accorder. Suis cet étranger, il t'apprendra des choses auxquelles tu es loin de t'attendre.

Cependant l'homme d'armes restait sur le seuil de la porte, comme s'il eût attendu Roland; et dès qu'il le vit se disposer à partir, il marcha en avant, à grands pas, en continuant à suivre le même sentier, qui se dirigeait du côté du lac. On n'y voyait plus de chaumières que d'un côté; de l'autre régnait un vieux mur assez élevé, au-dessus duquel paraissaient les branches de quelques arbres. Après dix à douze minutes de marche, l'étranger s'arrêta près d'une petite porte percée dans cette muraille, jeta un coup d'œil autour de lui pour s'assurer s'ils étaient seuls, tira une clef de sa poche, ouvrit la porte, et entra en faisant signe à Roland de le suivre. Celui-ci obéit; et tandis que l'étranger fermait la porte avec soin, le page vit qu'ils étaient dans un petit verger très-bien cultivé.

Son guide le fit passer par deux ou trois allées ombragées par des arbres chargés de fruits, et le conduisit sous un berceau formé par des arbustes entrelacés. Là, s'asseyant sur un banc de gazon, il fit signe à Roland de se placer près de lui, et après un instant de silence:
— Vous m'avez demandé, lui dit-il, une meilleure garantie que la parole d'un étranger pour vous prouver que j'étais autorisé par George Douglas à recevoir le paquet dont vous étiez porteur....

— C'est précisément ce que je désire, répondit Roland, parce que si j'ai agi précipitamment, je veux voir s'il ne me reste aucun moyen de réparer ma méprise.

— Je vous suis donc tout-à-fait étranger? reprit l'homme d'armes. Regardez-moi bien, et voyez si mes traits ne vous rappellent pas un homme que vous avez vu bien souvent.

Roland le regarda avec attention. — Serait-il possible?... dit-il enfin; mais il s'arrêta à ces mots : l'idée qui se présentait à son esprit lui paraissait trop incompatible avec le costume de l'homme qu'il avait devant les yeux pour qu'il pût se résoudre à l'exprimer.

— Oui, mon fils, dit l'étranger remarquant son embarras, les apparences ne vous trompent pas; vous voyez le malheureux père Ambroise, qui se félicitait jadis de vous avoir sauvé des pièges de l'hérésie, et qui gémit profondément aujourd'hui de vous y voir tombé.

Roland avait autant de bonté de cœur que de feu et de vivacité dans le caractère. Il fut ému jusqu'au fond de l'âme en voyant son ancien maître, son premier guide spirituel, dans une situation qui annonçait un tel changement dans sa fortune. Il se jeta à ses pieds, embrassa ses genoux et les mouilla de ses larmes.

— Que signifient ces pleurs, mon fils? dit l'abbé : si vous les versez sur vos fautes, sur vos erreurs, ce sont des larmes précieuses, et à Dieu ne plaise que j'en veuille arrêter le cours! mais je vous commande de les sécher si elles ne coulent que pour moi. Vous voyez à la vérité le supérieur du couvent de Sainte-Marie sous le costume d'un pauvre homme d'armes, qui vend à son maître le secours de son épée et de son bouclier pour le vêtement et quatre marcs d'argent par an. Mais ce vêtement convient au temps; nous sommes véritablement aujourd'hui l'église militante, et ce costume lui sied à cette époque autant que la crosse et la mitre convenaient à l'église triomphante.

— Mais par quel destin..... Et, cependant, pourquoi

cette question? Catherine Seyton m'avait en quelque sorte préparé à ce que je vois. Mais un changement si absolu, une destruction si complète.....

— Oui, mon fils, vos yeux ont vu dans mon élévation au rang d'abbé de Sainte-Marie, tout indigne que j'en étais, le dernier acte solennel de piété qui sera célébré dans l'église de ce monastère jusqu'à ce qu'il plaise au ciel de délivrer l'Église de sa captivité. Quant à présent, le berger est frappé, étendu par terre; le troupeau est dispersé, et les châsses des saints, des martyrs et des bienfaiteurs de l'Église, sont abandonnées aux oiseaux de nuit et aux brigands du désert.

— Mais votre frère, le chevalier d'Avenel, n'a-t-il pu rien faire pour vous protéger?

— Il a lui-même encouru les soupçons des puissances du jour, qui sont aussi injustes envers leurs amis que cruelles à l'égard de leurs ennemis. Je ne regretterais pas tant cette circonstance si je pouvais me flatter qu'elle le ferait rentrer dans le bon chemin; mais je connais le caractère d'Halbert, et ce ne sera pour lui qu'un motif de plus pour prouver son dévouement à la cause de nos ennemis par quelque acte encore plus fatal à l'Église, encore plus criminel envers le ciel. Mais laissons ce sujet, et parlons de l'objet qui nous rassemble. Je présume qu'à présent vous ne refuserez pas de croire ma parole, quand je vous dis que c'était à moi qu'était destiné le paquet dont vous étiez porteur?

— Ainsi donc George Douglas est....

— Fidèle à sa souveraine, et j'espère que ses yeux s'ouvriront bientôt à la lumière de la véritable religion.

— Mais qu'est-il pour son père? qu'est-il pour lady Lochleven, qui lui a toujours servi de mère?

— Un ami véritable, pour le temps et pour l'éternité, s'il devient un heureux instrument pour réparer le mal qu'ils ont fait et qu'ils font encore.

— Toutefois, reprit le page, je n'aime pas qu'on prouve par une trahison son dévouement à la bonne cause.

— Je ne blâme pas vos scrupules, mon fils; ils seraient justes dans un temps ordinaire. Mais en forçant des chrétiens à renoncer à leur foi, des sujets à méconnaître leur souveraine légitime, on a brisé tous les liens inférieurs de la société. La raison humaine ne doit pas plus nous arrêter dans notre marche que les ronces et les épines qui accrochent les vêtemens du pèlerin ne l'empêchent d'accomplir son vœu.

— Mais cependant, mon père..... dit Roland en hésitant.

— Parlez, mon fils, parlez sans crainte.

— Ne vous offensez donc pas, mon père, si je vous dis que c'est précisément ce dont nos ennemis nous accusent. Ils nous reprochent de ne pas être scrupuleux sur les moyens, pourvu qu'ils nous conduisent à notre but; et de donner lieu à de grands maux dans l'ordre moral en tâchant de produire quelque bien éventuel.

— Les hérétiques, suivant leur usage, mon fils, ont cherché à vous surprendre par des sophismes. Ils voudraient nous priver des moyens d'agir avec prudence et secret, parce qu'ils savent que leur supériorité nous empêche de leur disputer le terrain ouvertement. Après nous avoir réduits à un état d'épuisement, ils voudraient nous ôter les ressources par lesquelles tout ce qui est faible dans la nature supplée aux forces qui lui manquent. Le lévrier aurait droit de dire au lièvre: N'aie pas recours à ces détours et à ces feintes pour m'échapper ; retourne-toi, et combats-moi face à face ; aussi bien que l'hérétique tout puissant, et armé de pied en cap, de dire au catholique qu'il a dépouillé et qu'il foule aux pieds : Renonce à la ruse, et ose te mesurer contre moi. Les armes ne sont plus égales : c'est par la prudence et non par la force que nous devons reconstruire cette Jérusalem céleste sur laquelle nous pleurons..... Mais nous reprendrons ce sujet une autre fois. Contez-moi maintenant tout ce qui vous est arrivé depuis que je ne vous ai vu; et faites-moi connaître l'état de votre conscience. Votre parente Magdeleine est une femme douée d'un zèle ardent que nul danger ne peut refroidir ; mais son zèle n'est pas toujours éclairé ; et, dans ces jours de ténèbres, je voudrais faire briller à vos yeux la lumière de la grace.

Roland Græme, toujours pénétré de respect pour celui dont il avait reçu les premières leçons, lui fit le récit abrégé de tous les événemens que nos lecteurs connaissent déjà, sans lui déguiser l'impression qu'avaient faite sur son esprit les argumens d'Élie Henderson en faveur de la religion réformée, et il lui avoua même, presque sans y songer, les sentimens que lui avait inspirés Catherine Seyton.

— C'est avec joie, mon cher fils, dit l'abbé Ambroise, que je vois que j'arrive encore assez à temps pour vous arrêter sur le bord de l'abîme dans lequel vous étiez prêt à vous précipiter. Les doutes qui tourmentent votre esprit sont les mauvaises herbes que la main du cultivateur soigneux doit extirper. Je vous donnerai un petit ouvrage dans lequel, avec la grace du ciel, j'ai établi, avec le plus de précision et de clarté possibles, les différens points de doctrine contestés par ces hérétiques qui ont semé tant d'ivraie parmi le bon grain. Mais ce n'est point par la raison seule que vous devez tâcher de triompher de l'ennemi; il vous faut le secours de la grace et de la foi. Il ne faut pas toujours vouloir combattre; la fuite est quelquefois permise et offre un moyen de salut. Fermez donc l'oreille aux discours captieux des hérétiques; et si les circonstances ne vous permettent pas de les éviter, appelez la foi à votre aide chaque fois que vous vous sentirez ébranlé. Pensez à votre faucon, à votre limier, à votre ligne, à votre épée, à votre bouclier, pensez même à Catherine Seyton, plutôt que de livrer votre ame aux leçons du tentateur. Hélas! mon fils, ne croyez pas que, malgré les malheurs qui m'ont accablé, quoique courbé sous le poids de l'affliction encore plus que sous celui des années, j'aie oublié le pouvoir de la beauté sur le cœur de la jeunesse. Pendant mes veilles, au milieu des tristes réflexions que m'inspirent une reine captive, un royaume déchiré, une Église persécutée, mon imagination se reporte malgré moi sur d'autres pensées, sur d'autres sentimens qui appartiennent à un temps déjà éloigné. N'importe; nous devons supporter le fardeau des misères humaines; et ce n'est pas en vain que le germe des passions a été placé dans notre cœur: elles peuvent nous confirmer dans des résolutions fondées sur des motifs d'un ordre plus élevé. Cependant, mon fils, prenez-y bien garde : cette Catherine Seyton est fille d'un des plus fiers comme des plus dignes barons de toute l'Écosse, et votre situation actuelle ne vous permet pas encore d'aspirer si haut. Mais il en est ainsi : le ciel se sert de la folie des hommes pour accomplir les œuvres de la sagesse; et l'amour ambitieux de Douglas contribuera, comme le vôtre, à amener la fin désirée.

— Quoi! mon père, mes soupçons étaient donc bien fondés? Douglas aime.....

— Oui, mon fils; il aime, et son amour est aussi déplacé que le vôtre. Mais, songez-y bien, ne cherchez ni à lui nuire, ni à le traverser; ne...

— Qu'il prenne garde lui-même de me nuire ou de me traverser; car je ne lui céderai pas un pouce de terrain, eût-il dans le corps l'ame de tous les Douglas qui ont vécu depuis le fondateur de sa race.

— Patience, jeune homme, et faites attention que vos projets ne peuvent jamais se trouver en opposition avec les siens. — Mais laissons là ces vanités, et faisons un meilleur usage du peu de temps que nous avons à passer ensemble. A genoux! mon fils; remplissez un devoir long-temps interrompu, et, quelle que soit votre destinée, vous serez préparé à tous les événemens, comme un fidèle catholique absous de ses fautes par l'autorité de la sainte Église. Je ne peux vous exprimer, Roland, la joie que j'éprouve en vous voyant encore une fois dans cette humble posture! *Quid dicis, mi fili?*

— « *Culpas meas,* » répondit Roland; et, conformément au rituel de l'église catholique, il fit sa confession, et reçut l'absolution sous la promesse de faire la pénitence qui lui fut ordonnée.

Lorsque cette cérémonie religieuse fut terminée, un homme âgé, aussi bien vêtu que pouvait l'être un paysan, s'approcha du berceau, et dit à l'abbé après l'avoir salué: — Pardon si je vous interromps; mais le chambellan fait chercher partout ce jeune homme, et il est à propos qu'il se rende devant lui sans délai. Saint

François! si les hallebardiers venaient le chercher ici! des gens qui ne respectent rien... Ils écraseraient à chaque pas une balsamine ou une giroflée.

— Nous allons le congédier, mon frère, dit l'abbé; mais est-il possible que, dans une crise semblable à celle qui se prépare, votre esprit soit occupé de telles bagatelles!

— Révérend père, répondit le propriétaire du jardin, combien de fois ne vous ai-je pas prié de garder vos sublimes conseils pour des ames aussi sublimes que la vôtre? Que m'avez-vous demandé que je ne vous aie pas accordé, quoique souvent à contre-cœur?

— Je vous demande encore, mon frère, de songer davantage à ce que vous avez été, et à ce qu'exigent de vous les vœux que vous avez prononcés autrefois.

— Je vous dis, père Ambroise, que la patience du plus grand saint qui ait jamais dit un *pater noster* aurait été épuisée par les épreuves auxquelles vous avez soumis la mienne. Ce que j'ai été, il est inutile d'en parler à présent. Personne ne sait mieux que vous, mon père, à quoi j'avais renoncé dans l'espoir de mener une vie douce et tranquille pendant le reste de mes jours; et comment j'ai vu ma paisible retraite envahie, mes fleurs arrachées, mes arbres fruitiers déracinés, mon repos troublé et ma vie même menacée, depuis que cette pauvre reine, que Dieu bénisse, a été enfermée à Lochleven. Je suis loin de la blâmer: il est tout naturel qu'elle désire s'échapper d'un endroit où il n'y a pas même un jardin passable, et où l'on dit que les brouillards qui s'élèvent du lac font périr tous les fruits de primeur. Non, je ne puis la blâmer de chercher à recouvrer sa liberté: mais pourquoi faut-il que je sois forcé à entrer dans ses projets; que mes berceaux, que j'ai arrondis de mes propres mains, deviennent des rendez-vous de conspirateurs; que le petit quai que j'ai construit pour ma barque à pêcher soit devenu le point de départ et d'arrivée de secrets messagers? En un mot, pourquoi me trouvé-je entraîné dans une affaire dont la fin peut être la hache ou la corde? Je vous avoue, révérend père, que c'est ce que je ne comprends pas.

— Mon frère, dit l'abbé, vous êtes sage, et vous devez savoir...

— Non, répondit le jardinier avec un peu d'humeur, et en se bouchant les oreilles; non, je ne suis pas sage, et l'on ne m'a jamais appelé ainsi que quand on voulait me faire faire quelque insigne folie. Si j'avais été sage, je ne vous aurais pas reçu ici; vous n'y viendriez pas tramer des complots contre la tranquillité du pays. A quoi bon se mêler des querelles d'une reine et d'un roi, quand on peut rester paisiblement assis *sub umbrâ vitis*? Et c'est ce que je ferais, d'après le précepte de l'Écriture sainte, si j'étais sage comme vous le dites. Mais tel que je suis, j'ai le bât sur le dos, et vous me faites porter tout ce qu'il vous plaît. Allons, jeune homme, suivez-moi. Ce révérend père, qui, sous son costume d'homme d'armes, a presque aussi bonne mine que moi sous celui de jardinier, sera d'accord avec moi, sur un point du moins, et ce point c'est que vous êtes resté ici assez long-temps.

— Suivez le bon père, Roland, dit l'abbé, et souvenez-vous de mes paroles : Le jour approche où les Écossais vont être appelés à donner des preuves de loyauté. Puisse votre cœur être aussi bien trempé que l'acier de votre glaive!

Le page le salua en silence, et ils se séparèrent. Il suivit le jardinier, qui, malgré son âge avancé, marchait en avant d'un assez bon pas, murmurant à demi-voix, en s'adressant tantôt à lui-même, tantôt à son jeune compagnon, selon la coutume des vieillards dont l'esprit commence à s'affaiblir.

— Quand j'étais quelque chose dans le monde, disait-il, et que j'avais à mes ordres une mule et un palefroi habitués à l'amble, il m'aurait été aussi facile de voler dans les airs que de marcher d'un tel pas. J'avais la goutte, un rhumatisme et cent autres choses qui me mettaient des fers aux jambes. Mais aujourd'hui, grace à Notre-Dame et à un travail honnête, je suis en état de suivre le plus hardi piéton de mon âge, de tout le comté de Fife. Faut-il qu'on apprenne si tard ce qu'on est capable de faire ?

Tout en parlant ainsi, ses yeux tombèrent sur la branche d'un poirier qui penchait à terre faute d'être soutenue ; et, oubliant tout à coup l'empressement qu'il avait montré pour faire sortir Roland du verger, le vieillard s'arrêta pour attacher cette branche au tronc par un lien solide. Le page lui prêta son aide, et mit aussi la main à l'œuvre, et en une minute ou deux la branche qui pliait ne courut plus le danger de se rompre. Le jardinier regarda un instant son ouvrage d'un air de complaisance. — Ce sont des bergamotes, dit-il ; si vous voulez venir ici dans l'automne, vous en pourrez goûter ; vous n'en verrez pas de semblables à Lochleven : il ne s'y trouve qu'un misérable jardin, et le jardinier Hugh Houkham ne connaît pas son métier. Ainsi donc, monsieur le page, venez ici cet automne si vous voulez manger de bonnes poires : mais à quoi pensé-je ? D'ici à ce temps on vous aura peut-être régalé de quelque prune aigre. Suivez l'avis d'un vieillard, d'un homme qui a vu des temps plus heureux, qui a occupé un grade plus élevé que ceux où vous pouvez aspirer ; faites une houe de votre épée, et une serpette de votre poignard, vous en vivrez plus long-temps, et vous en jouirez d'une meilleure santé. Venez travailler à mon jardin ; je vous apprendrai à greffer à la française : venez-y sans perdre de temps, car il va y avoir un ouragan dans le pays, et les arbrisseaux seront moins exposés que les grands arbres.

Il fit sortir Roland par une autre porte que celle par laquelle il était entré, se signa dévotement, lui donna sa bénédiction, et rentra dans son jardin en murmurant encore quelques paroles tandis qu'il en fermait la porte avec soin.

CHAPITRE XXIX.

> « Sous l'habit masculin
> » Puissé-je ne jamais revoir ce vrai lutin ! »
> SHAKSPEARE. *Le roi Henry VI.*

En sortant du verger, Roland se trouva dans une prairie où paissaient deux vaches, appartenant aussi au jardinier, et qu'il fallait traverser pour regagner le bourg de Kinross. Chemin faisant, il s'occupait à réfléchir sur tout ce que lui avait dit le père Ambroise, qui avait exercé sur lui avec assez de succès l'influence que les premiers instituteurs de notre enfance conservent encore sur notre jeunesse; il songeait que l'abbé avait plutôt éludé que réfuté les objections d'Henderson contre les points de doctrine de l'église catholique. Mais il n'a pas eu le temps d'y répondre, se disait-il à lui-même, et je n'ai ni assez de calme ni assez de savoir pour m'ériger en juge sur des matières de cette importance. D'ailleurs ce serait une lâcheté que de renoncer à ma religion dans le moment où elle est persécutée, à moins que mon changement, s'il avait lieu, ne fût à l'abri de toute imputation d'intérêt personnel. J'ai été élevé dans le catholicisme, dans la foi de Bruce et de Wallace, et j'y persisterai jusqu'à ce que le temps et la raison m'aient démontré que je suis dans l'erreur. Je servirai cette pauvre reine avec le dévouement qu'un sujet doit à sa souveraine captive et opprimée. Ceux qui ont placé près d'elle un jeune homme élevé dans des principes d'honneur et de loyauté se sont trompés dans leur calcul. Ils devaient faire choix de quelque fourbe double et hypocrite, qui aurait su jouer en même temps le rôle de page respectueux de la reine, et celui d'espion perfide de ses ennemis. Puisqu'il faut que je la serve ou que je la trahisse, je me conduirai comme doit le faire un sujet fidèle. Mais Catherine, Catherine Seyton, aimée par Douglas, et ne pensant à moi que dans quelques momens de caprice ou de coquetterie, quel parti prendrai-je avec elle? De par le ciel! à la première occasion, il faudra qu'elle me rende compte de sa conduite, ou je romps avec elle pour toujours.

En formant cette magnanime résolution, il franchit la haie dont la prairie était entourée, et se trouva presque au même instant en face du docteur Luc Lundin.

— Ah, ah! mon jeune ami, vous voilà donc! Et d'où venez-vous? Mais je le vois. Oui, oui, le jardin du voisin Blinkhoolie est un rendez-vous agréable; et à votre âge on ouvre un œil sur une jeune fille, et l'autre sur une bonne prune. Mais vous avez l'air soucieux et mélancolique. La jeune fille a-t-elle été cruelle, ou les prunes étaient-elles vertes? Allons, allons, courage, mon garçon, il y a plus d'une jeune fille dans Kinross; et quant au fruit vert, un coup de mon *aqua mirabilis* est un spécifique immanquable en pareil cas : *probatum est.*

Pour toute réponse à cette tirade, le page se contenta de lui demander si le fourgon était arrivé d'Édimbourg.

— Il y a une heure que je vous cherche pour vous en avertir. Tous les effets sont déjà dans la barque, et la barque vous attend. Auchtermuchty n'a eu d'autre accident que de rencontrer un fainéant comme lui, et un pot d'*aqua vitæ* lui a fait oublier qu'il était attendu ici. Vos bateliers ont la rame à la main, et l'on a déjà fait du château deux signaux pour vous rappeler, et pour vous avertir qu'on vous attend avec impatience. Cependant il faut que vous preniez un léger repas; comme votre ami et comme votre médecin, je ne puis permettre que vous vous embarquiez l'estomac vide. Venez chez moi; vous y partagerez une collation salubre, et j'ai préparé une excellente décoction d'herbes pour vous ouvrir l'appétit.

Roland Græme n'en manquait pas, et cependant il résista aux offres séduisantes du docteur, et lui dit que son devoir exigeait qu'il retournât sur-le-champ à Lochleven. Il n'avait pas oublié l'amertume du coup du matin, et il est possible que ce souvenir et la menace d'une décoction d'herbes contribuassent à lui donner la fermeté nécessaire pour persister dans son refus. Quoi qu'il en soit, le digne chambellan insista vainement, et finit par dire qu'il se dédommagerait en conduisant son jeune ami jusqu'au lieu de l'embarquement.

Comme ils traversaient un groupe nombreux assemblé autour de quelques ménestrels, le page crut reconnaître Catherine Seyton. Abandonnant aussitôt son compagnon, étourdi d'une fuite si brusque, il perça la foule, et assuré qu'il parlait à la jeune fille avec laquelle il avait dansé, il lui dit à l'oreille : — Est-il prudent à vous, Catherine, de rester ici plus long-temps? ne songez-vous pas à retourner au château?

— Au diable soient vos Catherines et vos châteaux! répondit la jeune fille : venez-vous encore m'ennuyer de vos folies? Retirez-vous, je n'ai que faire de votre compagnie, et je vous préviens qu'il y a du danger ici.

— Mais s'il y a du danger, belle Catherine, pourquoi ne pas me permettre de le partager avec vous?

— Le danger n'est que pour vous, fou que vous êtes. Le danger, puisqu'il faut vous le dire, c'est pour vous d'avoir la bouche fermée d'un revers de ma main. A ces mots elle le quitta précipitamment, et fendit la foule étonnée de l'audace avec laquelle elle se faisait jour à travers les rangs.

Roland, quoique très-piqué, se disposait à la suivre; mais le docteur, qui était parvenu à le rejoindre, le saisit par le bras, lui rappela que l'esquif l'attendait, que deux signaux avaient déjà été faits de la tour du château, et que ce n'était pas le moment de songer ni aux jeunes filles, ni aux prunes vertes. Roland se laissa en quelque sorte traîner jusqu'à la barque, fit ses adieux au docteur, et partit pour Lochleven.

Ce petit voyage fut bientôt terminé, et Roland fut

reçu sur le rivage par le sévère et caustique Dryfesdale.

— Vous voilà donc enfin, monsieur le page, lui dit-il, après six heures d'absence et deux signaux du château! Vous vous êtes sans doute amusé à faire bombance, au lieu de songer à vous acquitter de votre devoir. Où est la note des effets que vous apportez? Fasse le ciel que rien ne soit perdu, grace aux soins d'un gardien si vigilant!

— Perdu, monsieur l'intendant! dit le page d'un ton d'emportement. Ne me parlez pas ainsi une seconde fois, ou vos cheveux gris ne seraient pas une protection suffisante pour votre impertinence.

— Trêve de fanfaronnades, jeune homme! nous avons des cachots et des verrous pour les rodomonts. Marchez au château, et faites blanc de votre épée devant ma maîtresse, si vous l'osez. Allez, allez, elle vous recevra bien; car votre longue absence lui a donné assez d'humeur.

— Et où est lady Lochleven? car je présume que c'est d'elle que vous me parlez.

— Et de qui parlerais-je? Qui a le droit de commander dans le château, si ce n'est lady Lochleven?

— Lady Lochleven est votre maîtresse; mais la mienne est Marie, reine d'Écosse.

Dryfesdale fixa un instant les yeux sur lui avec une expression de haine et de soupçon mal cachée sous une apparence de mépris — Le jeune coq querelleur, dit-il, se trahit par son chant. J'ai remarqué hier à la chapelle que vous n'y aviez pas le même air hypocrite; et, pendant le dîner, j'ai surpris des regards entre vous et une certaine demoiselle qui ne vaut pas mieux. Vous avez besoin d'être surveillé, mon maître, et comptez qu'on n'y manquera pas; mais si vous voulez savoir si lady Lochleven, ou l'autre dame dont vous parlez ont besoin de vos services, vous les trouverez toutes deux dans l'appartement de lady Marie.

Roland se hâta de s'y rendre, n'étant pas fâché d'échapper aux regards pénétrans du méchant vieillard, et ne pouvant concevoir quelle raison avait conduit lady Lochleven chez la reine à une heure où elle n'avait pas coutume de paraître en sa présence. Il crut pourtant en avoir deviné la raison; elle veut, pensa-t-il, me voir arriver devant la reine, afin de juger s'il existe quelque intelligence secrète entre nous. Il faut que je me tienne sur mes gardes.

Ayant formé cette résolution, il entra dans le salon, où la reine, assise dans un fauteuil, sur le dossier duquel lady Fleming était appuyée, tenait lady Lochleven debout devant elle depuis près d'une heure; ce qui avait visiblement augmenté l'air de mauvaise humeur naturel à cette vieille dame. Roland Græme, en entrant, salua respectueusement d'abord la reine, et ensuite lady Lochleven, et il resta immobile en leur présence, attendant modestement qu'on l'interrogeât.

Toutes deux lui adressèrent la parole presque en même temps.

— Vous voilà donc enfin de retour, jeune homme? dit lady Lochleven; et elle s'interrompit d'un air indigné, tandis que la reine disait, sans paraître faire attention à elle:

— Soyez le bien-venu, Roland; vous avez prouvé que vous êtes la colombe de l'arche, et non le corbeau. Je crois pourtant que je vous aurais pardonné si, une fois sorti de celle qui nous renferme, vous ne fussiez jamais revenu vers nous. Je me flatte que vous avez apporté une branche d'olivier; car notre bonne et digne hôtesse était fort mécontente de votre longue absence, et jamais nous n'avons eu un tel besoin d'un symbole de paix et de réconciliation.

— Je suis fâché d'avoir été retenu si long-temps, madame, répondit le page; la faute en est au voiturier d'Édimbourg qui n'est arrivé que fort tard, et que j'ai été obligé d'attendre.

— Voyez! dit la reine à lady Lochleven; ne vous avions-nous pas dit que vos effets étaient bien gardés, et ne couraient aucun risque? Au surplus, vos inquiétudes étaient pardonnables, puisque notre appartement de parade est si mal meublé que nous n'avons pas même pu vous offrir un tabouret pendant tout le temps que vous nous avez accordé le plaisir de votre compagnie.

— Il vous manquait, madame, la volonté plutôt que les moyens, répondit lady Lochleven avec aigreur.

— Quoi! dit la reine en regardant autour d'elle, et en affectant un air de surprise, y a-t-il donc des tabourets dans cet appartement? Oui, vraiment! Un, deux, nous en comptons jusqu'à quatre, en y comprenant celui auquel il manque un pied : nous ne les avions pas aperçus. C'est un ameublement vraiment royal! Lady Lochleven veut-elle prendre un siège?

— Non, madame, répondit lady Lochleven; je vais vous délivrer de ma présence. Auprès de vous, je puis souffrir la fatigue plus aisément que les sarcasmes.

— Mais, milady, reprit la reine en se levant, si un tabouret ne vous convient pas, prenez ma place; vous ne serez pas la première de votre famille qui en ait fait autant. Et en même temps elle fit un geste de la main pour l'inviter à s'asseoir sur le fauteuil.

Lady Lochleven répondit à cette invitation par une révérence tronquée, sans changer de place ni de situation, et parut lutter avec peine contre le courroux qui lui suggérait quelque réponse pleine d'amertume.

Roland avait à peine entendu cette conversation un peu vive. Son attention avait été entièrement occupée par Catherine Seyton, qui venait de sortir de la chambre à coucher de la reine, vêtue du costume qu'elle portait ordinairement, et n'ayant rien qui indiquât un changement de vêtemens fait à la hâte, ou la crainte de voir découvrir une démarche indiscrète et dangereuse. Il se hasarda à la saluer lorsqu'elle entra, et elle lui rendit son salut d'un air tranquille et dégagé, qui lui parut inexplicable dans la circonstance où elle se trouvait.

— J'espère, pensa-t-il, qu'elle ne se flatte pas de m'obliger à douter du témoignage de mes propres yeux, comme elle a voulu le faire relativement à son apparition à l'hôtel de Saint-Michel. J'essaierai de lui faire sentir que c'est une tentative inutile, et que ce qu'elle a de mieux à faire est de m'accorder une confiance sans réserve.

Ces idées s'étaient succédé rapidement dans son esprit, quand la reine, cessant de s'occuper de son altercation avec lady Lochleven, lui adressa de nouveau la parole.

— Que nous direz-vous de la foire de Kinross, Roland? Je dois croire que la gaieté y régnait, si j'en puis juger par quelques sons de musique qui ont trouvé un passage à travers les grilles qui ferment ces fenêtres, et qui sont venus expirer dans cette enceinte, comme doit y expirer tout ce qui ressemble à de l'enjouement. Mais vous avez l'air aussi sombre que si vous veniez du prêche des huguenots.

— Et peut-être en vient-il, madame, dit lady Lochleven, contre laquelle ce brocard était lancé. Est-il donc impossible qu'au milieu même des folies d'une foire, quelque ame pieuse ait fait entendre le langage de la saine doctrine, langage mille fois préférable à cette vaine gaieté, semblable au bruit que fait un fagot d'épines sèches en brûlant, et qui ne laisse que des cendres aux fous qui s'en amusent.

— Fleming, dit la reine en se retournant, et en serrant sa mante autour d'elle, je voudrais bien qu'il y eût dans la cheminée un ou deux de ces bons fagots d'épines dont parle lady Lochleven. L'air humide qui s'exhale du lac rend ces chambres voûtées horriblement froides.

— Les désirs de Votre Grace seront satisfaits, dit lady Lochleven; je prendrai pourtant la liberté de lui faire observer que nous sommes en été.

— Je vous remercie de m'en avoir informée, ma bonne dame, répondit la reine. Le changement de saison a si peu d'influence sur les prisonniers, qu'ils ne s'en aperçoivent que par ce que leur disent leurs geôliers. Eh bien, Roland, je vous le demande encore, que nous direz-vous de la fête?

— Elle était fort gaie, madame, suivant l'usage, à ce qu'on m'a dit; mais je n'y ai rien remarqué qui soit digne de votre attention.

— Oh! mais vous ne savez pas combien je suis devenue indulgente pour tout ce qui a rapport aux plaisirs de ceux qui jouissent de leur liberté. Il me semble que j'aurais eu plus de plaisir à assister à la danse joyeuse de ces bons villageois autour du mai, qu'à la plus brillante assemblée dans un palais. L'absence de ces murs hideux, la certitude que le pied qui foule gaiement le gazon est libre et sans contrainte, valent cent fois mieux que tout ce que l'art et la splendeur peuvent faire pour orner les fêtes d'une cour.

— J'espère, dit lady Lochleven, adressant à son tour la parole au page, qu'au milieu de toutes ces folies il ne s'est passé aucun de ces désordres qui en sont la suite ordinaire?

Roland jeta d'abord un coup d'œil sur Catherine, comme pour l'avertir de faire attention à ce qu'il allait dire. — Non, madame, dit-il ensuite, rien n'a troublé l'harmonie de la fête; je n'y ai rien remarqué qui vaille la peine d'être répété, si ce n'est peut-être qu'une jeune fille d'un caractère qui paraît bien décidé a donné un vigoureux soufflet à un des acteurs, et a couru quelque risque de prendre un bain dans le lac.

A ces mots, il jeta un second regard sur Catherine; mais elle avait soutenu cette attaque avec le plus grand sang-froid. Elle ne paraissait ni confuse ni déconcertée; il semblait qu'on parlât d'une chose qui lui était entièrement étrangère et indifférente.

— Je ne fatiguerai pas plus long-temps Votre Grace de ma présence, dit lady Lochleven, à moins que vous n'ayez quelque chose à me commander.

— Rien, notre bonne hôtesse; je vous prie seulement, dans une autre occasion, de ne pas vous croire dans la nécessité de sacrifier à rester près de nous un temps dont vous pouvez faire un bien meilleur usage.

— Vous plairait-il, madame, de donner ordre à votre page de me suivre, pour qu'il me rende compte des effets qu'il a dû rapporter, et qui sont destinés à votre usage?

— Nous ne pouvons vous refuser rien de ce que vous désirez, madame.

— Suivez lady Lochleven, Roland, si notre ordre est nécessaire pour cela. Nous remettrons à demain le récit de vos plaisirs à Kinross. Pour aujourd'hui je vous dispense de tout service près de moi.

Roland Græme sortit avec lady Lochleven, qui ne manqua pas de lui faire force questions sur tout ce qui s'était passé à la foire; et il y répondit de manière à écarter tous les soupçons qu'elle aurait pu avoir conçus, et à ne pas lui laisser même entrevoir qu'il fût disposé à favoriser la reine. Il eut surtout grand soin de ne faire aucune allusion à la double apparition de Magdeleine Græme et de l'abbé Ambroise. Enfin, après avoir subi un long et sévère interrogatoire, il fut renvoyé avec des expressions qui, sortant de la bouche d'une femme du caractère de lady Lochleven, annonçaient qu'il pouvait compter jusqu'à un certain point sur sa protection et ses bonnes graces.

Son premier soin fut de se rendre à l'office, où il se trouva un maître d'hôtel moins rébarbatif que Dryfesdale, qui aurait bien voulu lui appliquer le proverbe de la comédie:

> Ceux qui viendront les derniers au repas
> Dîneront mal ou ne dîneront pas.

Quand il eut fini, comme la reine l'avait dispensé de tout service pour cette soirée, n'ayant pas beaucoup de goût pour la société qu'il pouvait trouver dans le château, il descendit dans le jardin, où il lui était permis de passer ses momens de loisir. Le terrain en était peu étendu; mais on en avait tiré tout le parti possible. Des allées tortueuses, et qui se croisaient à chaque instant, multipliaient les promenades, et elles étaient bordées de belles haies vives, renfermant des massifs d'arbustes touffus, de manière que, quoique les allées ne fussent séparées que par un espace fort étroit, il était quelquefois difficile de voir de l'une ce qui se passait dans l'autre.

Roland y promena toute la soirée ses réflexions mélancoliques, repassant les événemens de la journée, et comparant ce que l'abbé lui avait dit relativement à George Douglas avec ce qu'il avait remarqué lui-même. Il ne pouvait plus douter qu'il n'eût un rival, et de cette conviction pénible il tira la conclusion que c'était par l'aide de Douglas que Catherine avait trouvé le moyen de quitter le château pour se rendre à Kinross, et d'en revenir avec la promptitude d'un éclair, de manière à paraître des deux côtés comme un fantôme, presque dans le même instant. — Cela ne peut être autrement, se répéta-t-il plusieurs fois; elle entretient avec lui une correspondance secrète et intime, qui n'est nullement d'accord avec le coup d'œil favorable qu'elle m'a quelquefois accordé, et qui détruit les espérances qu'elle doit savoir que ses regards m'avaient inspirées. Cependant, car l'amour espère encore quand la raison ne conserve plus d'espoir, une nouvelle idée se présenta tout à coup à son esprit : c'était que Catherine n'encourageait la passion de Douglas que pour servir sa maîtresse, et qu'elle avait un cœur trop franc, trop noble, trop sincère, pour lui avoir donné en même temps à lui-même des espérances qu'elle avait dessein de tromper. Perdu dans toutes ces conjectures, il s'assit enfin sur un banc de gazon, d'où l'on découvrait d'un côté les bords du lac, et de l'autre la partie du château dans laquelle était situé l'appartement de la reine.

Le soleil était couché depuis quelque temps, et le crépuscule commençait à faire place à une belle nuit : le souffle léger du vent du sud ridait à peine la surface des eaux. On apercevait encore l'île de Saint-Serf qui se dessinait dans le lointain. Cette île, autrefois visitée par un si grand nombre de pèlerins comme un séjour consacré par la présence d'un homme de Dieu, était maintenant négligée ou profanée comme le refuge de prêtres fainéans qui avaient été forcés de céder leur place aux moutons et aux vaches d'un baron protestant.

Tandis que Roland fixait ses regards sur cette île, qui ne paraissait plus qu'un point noir au milieu des ondes bleuâtres, il sentit encore son esprit s'égarer dans le dédale des discussions polémiques. Était-ce avec justice qu'on avait chassé ces anachorètes de l'abbaye qu'ils occupaient, comme l'abeille industrieuse expulse de sa ruche le bourdon inutile et fainéant; ou n'était-ce pas le bras inique de la rapacité qui avait dispersé loin du temple, non les prêtres débauchés qui le souillaient, mais les respectables religieux qui remplissaient leur devoir avec honneur et fidélité? Les argumens d'Henderson contre le catholicisme s'élevaient avec force dans son esprit, et il ne trouvait à y répondre qu'en suivant le conseil du père Ambroise, c'est-à-dire en faisant un appel de sa raison à sa foi, appel plus difficile dans le calme de la méditation que dans le tumulte et l'agitation du monde. Il eut besoin de faire un effort pour détourner ses idées d'un sujet qui l'embarrassait, et elles prirent effectivement un autre cours quand, ayant jeté un regard du côté du château, il vit briller une lumière à la fenêtre de la chambre qu'occupait Catherine Seyton : cette lumière s'éclipsait de temps en temps par l'interposition d'un corps étranger, qui était sans doute la belle habitante de cet appartement. Enfin elle disparut tout-à-fait, et avec elle disparut aussi le nouveau sujet de réflexions qu'elle avait présenté à son esprit.

Pouvons-nous avouer le fait sans risquer de faire un tort irréparable à la réputation de notre héros? Ses yeux s'appesantirent peu à peu; les doutes qui l'agitaient sur les points controversés de doctrine religieuse, et ses conjectures sur l'état du cœur de sa maîtresse, se confondirent ensemble de manière à ne plus produire qu'un chaos informe : les fatigues du jour l'emportèrent sur les réflexions qui l'occupaient; en un mot, il s'endormit.

Son sommeil fut d'abord paisible; mais il se réveilla en sursaut, grace à l'airain de la cloche du château, dont les sons graves et solennels traversèrent la surface du lac, et éveillèrent les échos du Bennarty, montagne escarpée qui s'élève sur la rive méridionale. Roland se leva précipitamment. On sonnait cette cloche tous les soirs à dix heures, et c'était le signal pour fermer toutes les portes du château, dont on remettait ensuite les clefs au sénéchal. Il courut à la porte qui communiquait du jardin au bâtiment; mais, à son grand déplaisir, il y arriva précisément assez à temps pour en entendre fermer le dernier verrou.

— Un instant! s'écria-t-il, un instant! Laissez-moi rentrer avant de fermer la porte.

— L'heure est passée, monsieur le page, répondit la voix aigre de Dryfesdale d'un ton qui annonçait une mauvaise humeur satisfaite; l'heure est passée. Vous n'aimez pas à être enfermé dans les murs du château. Vous avez été à la fête de Kinross; il faut que rien n'y manque, et vous aurez le plaisir de passer la nuit dehors, comme vous avez passé la journée.

— Ouvre-moi la porte! s'écria le page avec indignation, ou, de par saint Giles, ta chaîne d'or ne te garantira pas de ma colère!

— Garde pour d'autres ta colère et tes menaces, répondit l'impitoyable intendant; je ne me soucie guère de l'une, et je m'inquiète peu des autres. J'ai fait mon devoir, et je porte les clefs au sénéchal. Adieu, mon jeune maître; la fraîcheur de la nuit est le meilleur remède pour calmer le sang.

Roland avait grand besoin de ce remède; la brise du soir était nécessaire pour apaiser la fièvre de colère qui le transportait, et sa guérison ne fut pas l'affaire d'un instant. Enfin, après avoir fait plusieurs tours dans le jardin à pas précipités, et s'être épuisé en vains sermens de vengeance, il commença à sentir qu'il devait rire de cette aventure, au lieu de s'abandonner à un emportement inutile. Une nuit passée en plein air n'était pas un inconvénient bien grave pour un jeune chasseur qui avait plus d'une fois dormi à la belle étoile par partie de plaisir; et la méchanceté de l'intendant lui parut mériter plus de mépris que de courroux. — Fasse le ciel, pensa-t-il, que le vieux coquin se contente toujours d'une vengeance aussi innocente! Il a l'air de se porter quelquefois à des actes de scélératesse plus profonde. Il retourna donc sur le banc de gazon qu'il venait de quitter, et qui était abrité par une haie de houx ; et, s'y étendant bien enveloppé dans son manteau, il tâcha de retrouver le sommeil que la cloche du château avait si inutilement interrompu.

Mais le sommeil, comme la fortune, refuse souvent ses faveurs dans l'instant où on les désire davantage. Plus Roland l'appelait, plus il s'éloignait de ses paupières. Il avait été complètement éveillé, d'abord par le son de la cloche, et ensuite par le mouvement de colère qui l'avait violemment agité. Enfin son esprit étant fatigué par les réflexions qui l'occupèrent successivement, il tomba dans cet état de torpeur où l'on n'est pour ainsi dire ni endormi ni éveillé. Il en fut tiré par les voix de deux personnes qui se promenaient dans le jardin, et dont le son, lui paraissant d'abord l'effet d'un rêve, finit par l'éveiller tout-à-fait. Il se souleva sans bruit, et s'assit sur le banc qui lui servait de lit. Était-il bien possible que deux personnes se trouvassent à une pareille heure de la nuit dans le jardin du château de Lochleven, d'un château gardé avec tant de soin ? Il ne pouvait revenir de son étonnement. Étaient-ce des êtres surnaturels ? Était-ce une tentative des partisans de la reine Marie ? Il crut plutôt que George Douglas, qui, comme sénéchal du château, en avait toutes les clefs, profitait de cette circonstance pour avoir dans le jardin des rendez-vous secrets avec Catherine Seyton. Il fut confirmé dans cette conjecture par le son d'une voix qui lui était bien connue, et qui demandait, d'un ton qui annonçait la précaution, si tout était prêt.

5.

CHAPITRE XXX.

» La mine qui contient la poudre meurtrière,
» Le cœur dissimulé qui cache la colère,
» Ne font point pour cela craindre l'explosion.
» Mais fournissez la mèche ou bien l'occasion,
» Aussitôt l'éclair brille et le tonnerre gronde. »

Ancienne comédie.

Roland Græme, profitant d'une brèche qui se trouvait dans la haie, et de la clarté de la lune, qui venait de se lever dans son plein, fut à portée, sans se faire voir, d'examiner quels étaient ceux qui avaient si inopinément troublé son repos; et ce qu'il vit confirma les craintes que la jalousie lui avait inspirées. Ils étaient en conversation sérieuse et animée dans l'allée voisine, à dix ou douze pieds du lieu de sa retraite, et il lui fut très-facile de reconnaître la voix et la taille de Douglas, et le costume du page qu'il avait vu à l'auberge de Saint-Michel à Édimbourg.

— J'ai été à la porte de la chambre du page, disait Douglas : ou il n'y est point, ou il ne veut pas répondre. Elle est verrouillée en dedans, suivant l'usage, et nous ne pouvons y passer. Je ne sais ce que nous devons augurer de son silence.

— Vous avez trop compté sur lui, répondit l'autre interlocuteur : un écervelé! sur l'esprit inconstant duquel rien ne peut faire une impression durable!

— Je n'avais nulle intention de compter sur lui; mais on m'avait assuré que lorsque l'occasion se présenterait nous le trouverions bien disposé; car.....

Ici il baissa la voix à un tel degré, que Roland ne put l'entendre; ce qui le contrariait d'autant plus qu'il voyait qu'il était le sujet de leur conversation.

— Quant à moi, reprit le page, je ne m'y serais jamais fié : je m'en suis débarrassé avec de belles paroles. Mais s'il nous est nuisible en ce moment, n'avez-vous pas un poignard; s'il ne nous aide pas, qu'il soit du moins hors d'état de nous nuire.

— Ce serait un acte d'imprudence, répondit Douglas; d'ailleurs je viens de vous dire que la porte est fermée aux verroux. Il est peut-être endormi. Je vais y retourner, et tâcher de l'éveiller.

Roland comprit sur-le-champ que les prisonnières, s'étant aperçues de manière ou d'autre qu'il était dans le jardin, avaient fermé aux verroux la porte de l'antichambre où il couchait toutes les nuits, espèce de sentinelle gardant le seul endroit par où l'on pût entrer dans l'appartement de la reine. Mais comment se faisait-il que Catherine fût dans le jardin, tandis que Marie Stuart et lady Fleming étaient enfermées dans leur chambre, et que l'entrée en était défendue par de bons verroux? — Il faut que je sois initié à l'instant dans tous ces mystères, pensa-t-il, et alors je remercierai miss Catherine, si c'est véritablement elle, de l'usage qu'elle a charitablement engagé George Douglas à faire de son poignard. Ils me cherchent, à ce que je comprends; eh bien! ils ne me chercheront pas en vain.

Pendant ce temps Douglas était rentré dans le château, et avait laissé ouverte la porte de communication. Le page étranger était seul dans le jardin, les bras croisés sur la poitrine, et les yeux fixés sur la lune avec un air d'humeur, comme s'il l'eût accusée de vouloir les trahir par son éclat. En un instant Roland parut devant lui.

— Miss Catherine, lui dit-il d'un ton d'ironie, voilà une nuit superbe pour une jeune fille qui vient déguisée à un rendez-vous dans un jardin.

— Paix! cerveau brûlé, s'écria le page; silence! Dis-moi, en un mot, si tu es ami ou ennemi.

— Et comment serais-je ami de celle qui m'a trompé par de belles paroles, et qui vient de donner de si bonnes leçons à Douglas sur ce qu'il doit faire de son poignard!

— Que le diable t'emporte ainsi que Douglas, archi-fou et brouillon! nous serons découverts : tout sera perdu!

— Catherine, dit Roland, vous m'avez trompé, vous m'avez cruellement traité; mais le moment de l'explication est arrivé, et vous ne m'échapperez pas, je ne perdrai pas cette occasion.

— Insensé! la clarté de la lune ne suffit-elle pas pour que tu puisses distinguer le cerf de la biche?

— Cette ruse ne vous réussira pas, dit Roland en le saisissant par un pan de son manteau. Pour cette fois du moins je saurai à qui j'ai affaire.

— Lâchez-moi! s'écria le prétendu page en tâchant de retirer son manteau; et il ajouta d'un ton où la colère semblait le disputer à l'envie de rire : — Est-ce avec si peu de cérémonie que vous traitez la fille de lord Seyton?

Mais comme Roland, encouragé peut-être par ce ton de plaisanterie, persistait à tenir fermement son manteau, croyant que sa témérité ne paraissait pas impardonnable, son adversaire lui dit d'un ton de courroux très-prononcé : — Tête sans cervelle! lâche-moi à l'instant; il y va de la vie et de la mort. J'ai compassion de toi; mais prends garde de me pousser à bout.

En achevant ces mots il fit brusquement un nouvel effort pour se dégager; et ce mouvement fit partir un pistolet qu'il portait à sa ceinture.

Ce bruit jeta l'alarme dans tout le château. La sentinelle qui était en faction sur la tour sonna du cor, et s'écria en même temps à haute voix : — Trahison! trahison! aux armes! aux armes!

Le faux page, que Roland avait lâché dans le premier moment de sa surprise, avait disparu, et presque au même instant un bruit de rames se fit entendre sur le lac. Une minute après, cinq ou six arquebuses firent feu du haut des tours du château, et il entendit recommander de pointer un fauconneau contre une barque. Supposant qu'elle portait Catherine Seyton, et inquiet pour sa sûreté, il ne vit d'autre moyen pour y pourvoir que d'avoir recours à George Douglas. Il se hâta donc de rentrer au château, et courut à l'appartement de la reine, où il entendait un grand bruit.

Dès qu'il y fut entré, il se trouva faire partie d'un groupe nombreux, plongé dans la surprise et dans la confusion; tous parlant en même temps et se regardant les uns les autres d'un air de consternation. Au haut bout du salon était la reine, accompagnée non-seulement de lady Fleming, mais, à l'étonnement inexprimable de Roland, de miss Seyton, qui semblait avoir le don d'être partout en même temps; toutes trois en habits de voyage, et Catherine portant sous le bras une petite cassette contenant le peu de bijoux qu'on avait laissés à Marie Stuart. A l'autre bout, près de la porte, était lady Lochleven, en toilette de nuit faite à la hâte, entourée de gardes et de domestiques portant les uns des torches, les autres des pertuisanes, des épées, des pistolets, chacun ayant pris, dans cette alarme soudaine, la première arme qui lui était tombée sous la main. Entre les deux partis on voyait George Douglas, pâle et défiguré, les yeux baissés à terre, semblable à un criminel saisi en flagrant délit, qui ne sait comment nier son crime, et qui ne peut se résoudre à l'avouer.

— Silence! s'écria lady Lochleven. Et vous, George Douglas, parlez, et justifiez-vous du soupçon qui pèse sur votre honneur; dites : Un Douglas n'a jamais manqué à son devoir; et je suis un Douglas! Prononce ces paroles, mon fils; je ne t'en demande pas davantage pour te croire innocent, malgré les apparences; dis que ce complot n'est que l'ouvrage de ces trois femmes et de ce jeune misérable à qui j'ai accordé trop de confiance; dis qu'eux seuls ont conduit le projet d'une fuite qui aurait été si funeste à l'Écosse, si fatale à la maison de ton père.

— Quant à ce vaurien de page, milady, dit Dryfesdale, je puis dire qu'il est impossible qu'il ait ouvert la porte de cet appartement; car je l'ai moi-même enfermé hier soir dans le jardin. Qui que ce soit qui ait comploté cette fuite nocturne, la vérité est qu'il n'a pu y prendre part cette nuit.

— Tu mens, Dryfesdale! s'écria lady Lochleven; tu voudrais rejeter le blâme sur la maison de ton maître pour sauver la vie de cette jeune vipère.

— Sa mort me ferait plus de plaisir que sa vie, répondit-il d'un air sombre; mais la vérité est la vérité.

A ces mots, Douglas leva la tête, et dit avec le ton ferme et calme d'un homme qui a pris sa résolution : — Qu'on ne mette en danger la vie de personne pour moi, madame; moi seul.....

— Douglas, dit la reine, êtes-vous insensé? Taisez-vous, je vous l'ordonne.

— Pardon, madame, répondit-il en la saluant de l'air le plus respectueux, je voudrais pouvoir vous obéir; mais il leur faut une victime, et je ne dois pas souffrir qu'on se trompe sur le choix. Oui, madame, continuat-il en s'adressant à lady Lochleven, c'est sur moi seul que doit tomber votre ressentiment. Si la parole d'un Douglas a quelque poids sur vous, croyez que ce jeune homme est innocent : il ignorait tout, et vous commettriez une iniquité en le punissant. Quant à la reine, oseriez-vous la blâmer d'avoir consenti à saisir l'occasion que je lui offrais de recouvrer sa liberté? Oui, ma loyauté sincère, un sentiment encore plus vif, avaient préparé la fuite de la plus belle, de la plus persécutée de toutes les femmes. Bien loin de me repentir de ce que j'ai fait pour elle, je m'en fais gloire; mon seul chagrin est de n'avoir pu réussir à la délivrer, et je mourrai avec plaisir pour son service.

— Que le ciel accorde à ma vieillesse la force nécessaire pour supporter un tel poids d'affliction! s'écria lady Lochleven. O princesse née sous une funeste étoile! quand cesserez-vous d'être un instrument de séduction et de ruine pour tout ce qui vous approche? O ancienne maison de Lochleven, si renommée par ta noblesse et ton honneur, maudite soit l'heure qui a amené cette sirène dans tes murs!

— Ne parlez pas ainsi, madame, répliqua George: l'honneur de la maison de Douglas brillera d'un nouveau lustre quand un de ses membres sera mort pour la plus infortunée des reines, pour la plus aimable des femmes.

— Douglas, dit Marie Stuart, faut-il qu'en ce moment, en ce moment où je puis perdre pour toujours un fidèle sujet, j'aie à vous reprocher d'oublier ce que vous devez à votre reine?

— Malheureux enfant! dit lady Lochleven au désespoir, t'es-tu laissé tellement prendre dans les pièges de cette Moabite? As-tu vendu ton honneur, ta foi, tes sermens, tes devoirs envers ta famille, ton pays et son Dieu, pour des larmes de crocodile, pour un sourire qui a flatté tour à tour le faible François et l'imbécile Darnley; pour des yeux qui ont lu des poésies amoureuses avec le mignon Chastelet; pour une bouche qui a répété les chants d'amour du mendiant Rizzio; pour des lèvres qui ont pressé avec transport celles de l'infâme Bothwell?

— Ne blasphémez pas, madame, s'écria Douglas. Et vous, belle reine, princesse aussi vertueuse que belle, ne traitez pas avec trop de sévérité, en un pareil moment, la présomption de votre vassal. Croyez-vous que le simple dévouement d'un sujet aurait pu me faire jouer le rôle auquel je me suis abaissé : vous méritez bien sans doute que chacun de vos sujets brave la mort pour vous ; mais j'ai fait plus, j'ai fait ce que l'amour seul pouvait déterminer un Douglas à faire, j'ai dissimulé. Adieu donc, reine de tous les cœurs, et souveraine de celui de Douglas ! Quand vous serez délivrée de cet indigne esclavage, et vous le serez s'il reste quelque justice dans le ciel ; quand vous chargerez d'honneurs et de titres l'heureux mortel à qui vous devrez votre délivrance, accordez une pensée à celui qui n'aurait désiré d'autre récompense que le bonheur de baiser votre main ; donnez un soupir à sa fidélité et une larme à sa mémoire. A ces mots, se précipitant à ses pieds, il lui saisit la main avant qu'elle eût le temps ou la force de la retirer, et y appuya tendrement ses lèvres.

— Et en ma présence ! s'écria lady Lochleven. Oses-tu bien te livrer à ton indigne passion en présence de ta mère ? Qu'on les sépare, et qu'on l'enferme dans la prison du château ! Eh bien ! m'obéira-t-on ? dit-elle en se tournant vers ses domestiques, qui se regardaient les uns les autres, et dont aucun ne se pressait d'exécuter ses ordres.

— Ils hésitent, dit Marie. Sauvez-vous, Douglas ; votre reine vous l'ordonne.

Il se leva précipitamment. — Ma vie est à votre disposition, s'écria-t-il ; et, tirant son épée, il se fit jour à travers les domestiques qui lui barraient le chemin de la porte. Son mouvement fut si prompt et si vif, qu'on n'aurait pu l'empêcher de sortir que par la violence; et, comme les domestiques du château l'aimaient en général autant qu'ils le craignaient, pas un seul ne voulut l'empêcher de pourvoir à sa sûreté.

La colère de lady Lochleven redoubla en le voyant s'échapper. — Suis-je donc entourée de traîtres? s'écria-t-elle. Qu'on le poursuive à l'instant, et qu'on le saisisse mort ou vif.

— Il ne peut sortir de l'île, madame, dit Dryfesdale; j'ai la clef de la chaîne des barques.

Mais dans ce moment on entendit deux ou trois domestiques qui l'avaient poursuivi, soit par curiosité, soit pour obéir à leur maîtresse, s'écrier dans la cour qu'il venait de se précipiter dans le lac.

— Brave et noble Douglas! s'écria la reine; ame généreuse qui préfère la mort à l'emprisonnement!

— Qu'on fasse feu sur lui! s'écria lady Lochleven. S'il existe ici un vrai serviteur de son père, qu'il délivre sa famille d'un perfide, et que la honte de notre maison soit ensevelie dans le lac!

On entendit deux ou trois coups de fusil, qui furent tirés probablement pour montrer une apparence d'obéissance aux ordres de la maîtresse du château, plutôt que pour les exécuter réellement; et Randal, rentrant à l'instant, annonça que le Maître de Douglas avait été recueilli par une barque qui était à quelque distance sur le lac.

— Prenez l'esquif, dit lady Lochleven, et mettez-vous sur-le-champ à sa poursuite.

— Il est trop tard, répondit Randal : ils sont déjà à mi-chemin de l'autre rive, et la lune vient de se couvrir d'un nuage.

— Il s'est donc échappé! s'écria la vieille dame en se frappant le front des deux mains; l'honneur de notre maison est à jamais perdu, et nous passerons tous pour complices de sa trahison!

— Lady Lochleven, dit Marie en s'avançant vers elle, vous avez cette nuit détruit mes plus belles espérances, rivé les fers dont je me flattais d'être délivrée, brisé la coupe de la joie à l'instant même où je la portais à mes lèvres; et cependant j'accorde à vos chagrins la pitié que vous refusez aux miens. Je voudrais pouvoir vous consoler.

— Laissez-moi, femme artificieuse, dit lady Lochleven. Qui jamais sut, aussi bien que vous, infliger les plus cruelles blessures sous le masque de la courtoisie et de la bonté? Depuis le plus grand des traîtres, qui a jamais su si bien trahir par un baiser?

— Lady Lochleven, vous ne pouvez m'offenser en ce moment, pas même par ce langage grossier et indigne d'une femme, tenu en présence de vos domestiques armés. J'ai contracté cette nuit tant d'obligations envers un membre de la famille de Douglas, que je dois pardonner tout ce que la maîtresse de ce château peut dire et faire dans la violence de son emportement.

— Je vous ai beaucoup d'obligation, princesse, dit lady Lochleven en cherchant à se contraindre. Et prenant alors un ton d'ironie : — Les pauvres Douglas, dit-elle, ont rarement obtenu un sourire de leurs souverains; et, s'ils m'en croient, ils ne seront pas tentés d'échanger leur honnêteté grossière pour les graces et les faveurs que Marie d'Écosse peut maintenant accorder.

— Ceux qui savent si bien *prendre*, répondit la reine, peuvent ne pas aimer à contracter une obligation en recevant; et si j'ai peu de chose à accorder maintenant, c'est la faute des Douglas et de leurs alliés.

— Ne craignez rien, madame, répliqua lady Lochleven avec le même ton d'ironie amère: vous possédez un trésor qu'il vous est impossible d'épuiser, et dont le juste courroux de votre pays ne peut vous priver. Tant que vous aurez à vos ordres de belles paroles et des sourires séducteurs, vous n'aurez pas besoin d'autres moyens pour attirer de jeunes fous dans votre parti.

Un sentiment de plaisir brilla dans les regards de la reine; elle les jeta en ce moment sur une glace du salon, qui, éclairée par les torches, réfléchit ses traits pleins de noblesse et de beauté. — Notre hôtesse apprend à flatter, Fleming, dit-elle : nous n'aurions pas cru que le chagrin et la captivité nous eussent laissé un si grand fonds de cette richesse que les femmes préfèrent à toutes les autres.

— Votre Majesté poussera cette méchante femme à quelque excès, dit lady Fleming à voix basse; je vous conjure de ne pas oublier qu'elle est déjà offensée mortellement, et que nous sommes en son pouvoir.

— Je ne la ménagerai pas, Fleming, répondit la reine du même ton; ce serait contre ma nature. Quand je lui témoignais de la compassion, elle m'a répondu par des insultes, et je veux lui montrer que je les brave. Si elle ne trouve pas de discours assez piquans, qu'elle ait recours à son poignard, si elle l'ose.

— Je crois, dit tout haut lady Fleming, que lady

Lochleven ferait bien maintenant de se retirer et de permettre à Sa Grace de prendre quelque repos.

— Sans doute, dit lady Lochleven, et de laisser Sa Grace et les favorites de Sa Grace chercher les moyens de filer encore quelque toile pour y prendre de nouvelles mouches. Mon fils aîné est veuf, n'aurait-il pas été plus digne des espérances flatteuses que vous avez employées pour séduire son frère? Il est vrai que vous avez déjà subi trois fois le joug du mariage ; mais, d'après l'église romaine, le mariage est un sacrement, et les sectateurs de Rome croient sans doute ne pouvoir le recevoir trop souvent.

— Et les sectateurs de Genève, répliqua la reine rougissant d'indignation, ne regardant pas le mariage comme un sacrement, se dispensent quelquefois, dit-on, de cette cérémonie. Alors, comme si elle eût craint les conséquences de cette allusion aux fautes de la jeunesse de lady Lochleven, elle se tourna brusquement vers Fleming : — Rentrons dans notre chambre à coucher, dit-elle ; nous lui faisons trop d'honneur par cette altercation. Si elle prétend nous troubler de nouveau cette nuit, elle fera enfoncer la porte. Et à ces mots, elle se retira suivie de ses deux dames.

Lady Lochleven, étourdie par ce dernier sarcasme, et courroucée surtout de se l'être attiré en présence de tous ses domestiques, restait immobile comme une statue, et semblait avoir pris racine à l'endroit où elle venait de recevoir un affront si sanglant. Elle ne revint à elle que lorsque Dryfesdale et Randal l'assaillirent de questions.

— Milady n'a-t-elle pas quelques ordres à nous donner? demanda Dryfesdale.

— Ne faudrait-il pas placer une sentinelle près des barques? dit Randal.

— Et doubler la garde du château? ajouta Dryfesdale.

— Ne conviendrait-il pas de donner l'alarme à Kinross, dit Randal, de crainte qu'il n'y ait des forces ennemies de l'autre côté du lac?

— Et ne serait-il pas bon, demanda Dryfesdale, d'envoyer un exprès à sir William à Édimbourg, pour lui donner avis de ce qui vient d'arriver?

— Faites tout ce que vous voudrez, répondit lady Lochleven encore hors d'elle-même. Dryfesdale, ajouta-t-elle, vous êtes un ancien soldat, prenez toutes les précautions nécessaires. Dieu du ciel! faut-il que je sois si ouvertement insultée!

— Votre intention ne serait-elle pas, demanda Dryfesdale en hésitant, que cette personne... cette dame... fût resserrée plus étroitement?

— Non vassal, répondit sa maîtresse avec indignation; ma vengeance ne s'abaisse pas à de si vils moyens. Je me vengerai d'une manière plus digne de moi, ou le tombeau de mes ancêtres couvrira ma honte.

— Vous serez vengée, madame, dit Dryfesdale; vous le serez avant que le soleil se soit couché deux fois, et vous en conviendrez vous-même.

Lady Lochleven ne lui répondit pas; peut-être même ne l'entendit-elle point; car elle sortait du salon tandis qu'il parlait ainsi. Dryfesdale renvoya tous les domestiques, qui se retirèrent les uns pour remplir les fonctions de gardes, les autres pour se reposer. Il resta seul dans l'appartement avec Roland, qui fut surpris de voir le vieux soldat s'avancer vers lui avec un air de cordialité qu'il ne lui avait jamais témoigné, et qui ne convenait guère à sa physionomie dure et sévère.

— Jeune homme, dit Dryfesdale d'un air hypocrite, j'ai eu des torts avec vous, mais c'est votre faute. Votre caractère m'a paru aussi léger que la plume de votre chapeau. Vos habits recherchés, votre humeur joviale, tout cela a été cause que je vous ai jugé défavorablement; mais à présent je vous rends justice. Cette nuit, j'étais curieux de savoir ce que vous deveniez dans le jardin; je me suis mis à ma fenêtre; j'ai vu les efforts que vous faisiez pour retenir le compagnon de perfidie de celui qui ne mérite plus de porter le nom de son père, qui doit être retranché du tronc de sa maison comme une branche pourrie. J'allais venir à votre aide quand le coup de pistolet a parti; et la sentinelle, coquin que je soupçonne de s'être laissé gagner, s'est vue forcée de donner l'alarme, ce qu'elle aurait peut-être pu faire plus tôt. Ainsi donc, pour vous dédommager de mon injustice envers vous, j'ai dessein de vous rendre un service d'ami, si vous consentez à l'accepter de moi.

— Puis-je savoir d'abord de quoi il s'agit?

— Uniquement de porter la nouvelle de cet événement à Holyrood, ce qui peut vous être fort utile auprès de sir William, du comte Morton et du régent même, attendu que vous avez vu tout ce qui s'est passé depuis le commencement jusqu'à la fin, et que vous pouvez en rendre un compte fidèle. Votre fortune est entre vos mains; et j'espère qu'alors vous oublierez toutes les folles vanités du monde, et que vous apprendrez à employer le temps présent en homme qui songe à celui qui est à venir.

— Grand merci de votre service d'ami, M. l'intendant; mais je ne puis me charger de votre commission. Je ne vous dirai pas qu'étant au service de la reine il ne me convient pas de prendre parti contre elle; mais, laissant cette raison à part, il me semble que ce serait un mauvais moyen pour obtenir les bonnes graces de sir William que d'être le premier à lui annoncer la trahison de son fils. Morton n'apprendra pas avec plaisir la déloyauté d'un de ses parens, et la nouvelle de la perfidie de son neveu ne sera pas plus agréable au régent.

— Hum! dit Dryfesdale faisant entendre ce son inarticulé qui indique une surprise mêlée de mécontentement, vous en ferez tout ce qu'il vous plaira; tout étourdi que vous êtes, il me semble que vous savez calculer vos chances.

— Vous avez raison, et je vais vous en donner la preuve; car je soutiens que la vérité et l'enjouement valent mieux que la ruse et la gravité, et peuvent même l'emporter sur elles. Je vous dirai donc, M. l'intendant, que vous ne m'avez jamais moins aimé qu'en ce moment, et que la confiance que vous me témoignez n'est qu'un piège que vous me tendez. Je ne reçois pas de fausse monnaie pour de l'argent comptant. Reprenez votre ancienne marche; soupçonnez-moi, surveillez-moi; je vous défie, et je vous prouverai que vous avez trouvé à qui parler.

— De par le ciel! jeune homme, dit Dryfesdale en le regardant de travers, si tu oses méditer quelque trahison contre la maison de Lochleven, ta tête ne tardera pas à blanchir sur les murs de la tour du château.

— On ne médite pas de trahison quand on ne cherche

pas à obtenir la confiance ; et quant à ma tête, elle est aussi solidement placée sur mes épaules que sur la plus haute tour d'Écosse.

— Adieu donc, perroquet bavard : tu es fier de ta langue et de ton plumage ; mais prends garde au trébuchet et à la glue.

— Adieu, vieux corbeau enroué ; souviens-toi que ton vol pesant, tes plumes noires et ton grave croassement ne charment ni le mousquet ni l'arbalète. C'est guerre ouverte entre nous... Chacun pour notre maîtresse, et que Dieu protège la justice !

— Amen, dit l'intendant, et qu'il défende ceux qui le servent dans la vérité. J'aurai soin d'informer ma maîtresse qu'elle doit te compter dans le nombre des traîtres... Bonsoir, monsieur du plumet.

— Bonne nuit, monsieur du bâton blanc.

L'intendant se retira, et Roland ne songea plus qu'à profiter du reste de la nuit pour prendre un peu de repos.

CHAPITRE XXXI.

> « Empoisonné ! — Sans doute il a cessé de vivre ? »
> SHAKSPEARE.

QUELQUE ennuyé que fût Roland de son séjour au château de Lochleven, et quelque regret qu'il éprouvât d'avoir vu échouer le projet de fuite de la reine, je crois qu'il ne s'était jamais éveillé avec des sensations plus agréables que le lendemain du jour qui avait vu avorter le plan de Douglas pour la délivrance de Marie Stuart. D'abord il était convaincu qu'il avait mal interprété ce que l'abbé Ambroise lui avait dit, et qu'il n'avait pensé qu'à miss Seyton, tandis que l'abbé voulait parler de la reine. Ensuite, d'après l'explication qui avait eu lieu entre l'intendant et lui, il se sentait libre, sans manquer à l'honneur envers la famille de Lochleven, de contribuer de tous ses efforts à l'exécution de tous les projets qui pourraient être formés par la suite pour rendre à la reine sa liberté. Indépendamment du désir qu'il avait de coopérer à cette grande entreprise, persuadé qu'il ne pouvait trouver de moyen plus sûr pour obtenir les bonnes graces de miss Seyton, il ne désirait plus que de rencontrer une occasion de l'informer qu'il se dévouait à cette cause, et la fortune fut assez complaisante pour la lui fournir plus tôt qu'il ne l'espérait.

L'intendant apporta le déjeuner à l'heure ordinaire ; mais dès qu'il l'eut fait placer sur la table dans le salon, il dit à Roland avec un ton de sarcasme : — Mon jeune page, je vous laisse remplir les fonctions d'écuyer tranchant et de dégustateur. Elles ont été trop long-temps exercées pour lady Marie par un membre de la maison de Douglas.

— Quand elles auraient été remplies par le chef de cette famille, dit Roland, il aurait dû s'en trouver honoré.

Dryfesdale ne répondit à cette bravade qu'en lui lançant un regard de haine et de mépris, et se retira aussitôt.

Græme, resté seul, s'étudia à imiter aussi bien qu'il lui était possible la grace avec laquelle Douglas s'acquittait de cette charge devant la reine d'Écosse. Il y mettait plus que de la vanité ; c'était le généreux dévouement d'un brave soldat qui prend la place du camarade qu'il vient de voir tomber devant lui. — Je suis maintenant leur seul champion, pensa-t-il, et quoi qu'il puisse m'en arriver, je serai, autant que mes moyens me le permettront, aussi brave, aussi fidèle, aussi digne de confiance que quelque Douglas que ce puisse être.

En ce moment Catherine Seyton entra seule, contre

sa coutume; et, ce qui n'était pas moins extraordinaire, en s'essuyant les yeux avec un mouchoir. Roland s'approcha d'elle le cœur palpitant, et lui demanda à voix basse et en hésitant comment se trouvait la reine.

— Comment pouvez-vous me faire cette question? lui répondit-elle; croyez-vous qu'elle ait l'ame et le corps d'airain et d'acier, pour résister au cruel contre-temps qu'elle a éprouvé hier soir, et supporter les infames reproches de cette vieille sorcière puritaine? Plût à Dieu que je fusse un homme pour la servir plus efficacement!

— Celles qui portent des poignards et des pistolets ne sont pas des hommes, dit le page; ce sont au moins des amazones, et elles ne sont pas moins formidables.

— Il peut vous plaire de faire de l'esprit, dit Catherine; mais je ne suis nullement disposée à m'en amuser en ce moment.

— Eh bien, permettez-moi donc de vous parler sérieusement. D'abord je vous dirai que probablement les choses se seraient mieux passées la nuit dernière si vous aviez daigné me faire part de vos projets.

— C'était bien notre dessein; mais pouvions-nous deviner que M. le page aurait la fantaisie de passer la nuit dans le jardin, en chevalier errant d'un roman espagnol, au lieu de se trouver dans sa chambre quand Douglas y est venu pour lui communiquer notre projet?

— Et pourquoi attendre si tard pour cette confidence?

— Parce que vos liaisons avec Henderson, et, pardonnez-moi, l'impétuosité et la légèreté de votre caractère, nous firent hésiter à vous confier un secret si important jusqu'au dernier moment.

— Et pourquoi me le confier même au dernier moment, dit Roland offensé de ce franc aveu, puisque j'avais eu le malheur de vous inspirer tant de soupçons?

— Voilà déjà de la colère, dit Catherine, et, pour vous en punir, je devrais rompre l'entretien. Mais je veux être magnanime, et je répondrai à votre question. Sachez donc que nous avions deux raisons pour vous confier ce secret. La première, c'est qu'il eût été difficile de vous le cacher, puisque nous étions obligées de passer dans l'antichambre, qui vous sert de chambre à coucher; la seconde...

— Oh! s'écria le page, je vous dispense de la seconde, puisque la première vous faisait une nécessité de la confiance.

— Paix! dit Catherine, et écoutez-moi. La seconde, dis-je, c'est qu'il y a parmi nous une folle qui croit que le cœur de Roland Græme est bon, quoique sa tête soit mauvaise; que son sang est pur, quoiqu'il soit trop bouillant; que sa foi et son honneur sont à l'épreuve, quoique sa langue manque quelquefois de retenue.

Catherine fit cet aveu à voix basse, les yeux baissés vers la terre, comme si elle eût ressenti quelque confusion en le laissant échapper, et qu'elle eût craint de rencontrer les regards de Roland.

— Et cette généreuse amie, s'écria le page ravi en extase, la seule qui daignât rendre justice au pauvre Roland Græme; dont le bon cœur lui apprit à distinguer les erreurs de la tête des fautes du cœur, ne me direz-vous pas, miss Seyton, qui elle est, et à qui je dois le tribut de la plus vive reconnaissance?

— Si votre cœur ne vous le dit pas, répondit Catherine les yeux toujours baissés, il faut...

— Chère Catherine! s'écria Roland en lui saisissant la main, et en fléchissant un genou devant elle.

— Il faut qu'il soit bien ingrat, continua-t-elle, car d'après la bonté maternelle que lady Fleming...

— De par le ciel! Catherine, s'écria le page en se relevant précipitamment, vos discours connaissent le déguisement aussi bien que votre personne. Vous savez bien que lady Fleming ne s'inquiète pas plus de qui que ce soit que la princesse que vous voyez sur cette vieille tapisserie.

— Cela peut être; mais il n'est pas nécessaire de parler si haut.

— Qu'importe? dit Roland; et cependant baissant la voix, il ajouta : Elle ne songe qu'à elle et à la reine. Vous savez d'ailleurs que je ne me soucie guère de la bonne opinion d'aucune de vous, pas même de celle de la reine, si vous ne m'accordez pas la vôtre.

— Cela n'en est que plus honteux pour vous, répondit Catherine avec le plus grand sang-froid.

— Mais dites-moi, Catherine, pourquoi vous refroidissez ainsi mon ardeur quand je veux me dévouer, corps et ame, à la cause de votre maîtresse?

— Parce qu'en agissant ainsi, répondit-elle les yeux enflammés et le visage couvert de rougeur, vous dégradez une cause si noble en y joignant un motif moins pur, un principe d'égoïsme. Croyez-moi, c'est avoir une idée fausse et injuste des femmes, de celles qui méritent ce nom, veux-je dire, que de croire qu'esclaves de la vanité elles préfèrent la satisfaction de régner exclusivement sur le cœur d'un amant, à l'honneur et au courage de l'homme qu'elles préfèrent. Celui qui sert sa religion, son prince et son pays avec ardeur et dévouement n'a pas besoin de recourir aux lieux communs d'une passion romanesque pour plaider sa cause auprès de celle qu'il honore de son affection. Elle devient sa débitrice, et doit le récompenser de ses glorieux travaux par une tendresse égale à la sienne.

— Quel prix inestimable vous leur présentez ! s'écria Roland en fixant sur elle des yeux pleins d'enthousiasme.

— Rien qu'un cœur qui sait les apprécier. Celui qui délivrerait de sa prison cette reine infortunée, qui la remettrait en liberté, qui la rendrait à ses sujets fidèles et belliqueux, dont les cœurs l'attendent avec tant d'impatience... où est la jeune Écossaise que l'amour d'un tel homme n'honorerait point, fût-elle issue du sang royal, et lui le fils du plus pauvre laboureur ?

— Je suis déterminé à tenter l'aventure. Mais, cependant, dites-moi d'abord, belle Catherine, et parlez-moi comme si vous vous confessiez à un prêtre, cette pauvre reine... je sais qu'elle est malheureuse; mais... la croyez-vous innocente? on l'accuse de meurtre !

— Dois-je croire l'agneau coupable parce que je vois le loup le déchirer ? Le soleil doit-il me paraître souillé parce qu'un brouillard impur obscurcit ses rayons ?

— Je voudrais être aussi convaincu que vous paraissez l'être, dit le page en soupirant et en baissant les yeux. Mais une chose bien certaine c'est qu'elle souffre une injuste captivité. Elle s'était rendue sur capitulation, et les conditions n'en ont pas été exécutées. Je soutiendrai sa cause jusqu'à la mort.

— Bien vrai? bien vrai? s'écria Catherine en lui prenant la main à son tour. Oh! ayez autant de constance dans l'esprit que vous avez de courage et de vivacité dans le cœur ; tenez la parole que vous venez de donner, et les siècles futurs vous honoreront comme le sauveur de l'Écosse.

— Mais quand j'aurai travaillé avec succès pour obtenir Lia, c'est-à-dire l'honneur, chère Catherine, vous ne me condamnerez pas à de nouveaux travaux pour obtenir Rachel, c'est-à-dire l'amour?

— C'est un sujet dont nous aurons tout le temps de parler. Mais l'honneur est la sœur aînée, et c'est à celle-ci qu'il faut songer d'abord.

— Il est possible que je ne réussisse pas à l'obtenir ; mais je ferai du moins tous mes efforts pour y parvenir, et c'est tout ce qu'on peut exiger d'un homme. Et sachez, belle Catherine, car je veux que vous lisiez dans le fond de mon cœur, que non-seulement cette sœur aînée, l'honneur, et cette sœur cadette non moins aimable, dont vous ne voulez pas que je parle, m'ordonnent de travailler à la délivrance de la reine, mais que je m'y crois encore obligé par un devoir impérieux.

— Vraiment? mais il y a quelque temps, vous aviez des doutes à ce sujet.

— Oui, mais alors sa vie n'était pas menacée.

— Menacée! s'écria Catherine d'un ton annonçant l'inquiétude et la terreur. La croyez-vous donc aujourd'hui en plus grand danger qu'auparavant?

— Ne vous alarmez pas. Mais n'avez-vous pas vu de quelle manière la reine et lady Lochleven se sont séparées?

— Que trop, que trop! Hélas! pourquoi faut-il que cette princesse ne puisse maîtriser son ressentiment, et s'abstenir de reparties si piquantes?

— Il en est de telles, qu'aucune femme ne les a jamais pardonnées à une autre. J'ai vu lady Lochleven pâlir et rougir successivement lorsque, en présence de toute sa maison, et quand elle venait armée de toute son autorité, la reine l'a humiliée, l'a renversée dans la poussière, en lui rappelant ce qui est pour elle un sujet éternel d'opprobre. J'ai vu son ressentiment mortel; j'ai entendu le serment de vengeance qu'elle a prononcé, et ce serment a aussi été entendu par un homme qui y a répondu de manière à prouver qu'il est disposé à en être l'exécuteur.

— Vous me saisissez d'effroi! s'écria Catherine.

— Ne vous laissez point abattre ainsi. Appelez à votre aide la partie mâle de votre caractère. Quelque dangereux que puissent être ses projets, nous viendrons à bout de les déjouer. Pourquoi me regardez-vous ainsi en pleurant?

— Hélas! parce que je vous vois en ce moment animé de toute l'ardeur et de toute la vivacité de la jeunesse, brûlant de courage et d'enthousiasme, prêt à tout entreprendre pour une princesse infortunée, et que bientôt, demain, aujourd'hui peut-être, je puis vous voir, victime de votre zèle, percé de coups, privé de vie, étendu sur les carreaux d'un de ces misérables donjons. Catherine Seyton n'aurait-elle pas à se reprocher alors d'avoir accéléré la fin de votre carrière? Hélas! celle que vous avez choisie pour tresser votre guirlande de gloire prépare peut-être le linceul qui doit vous ensevelir!

— Qu'importe que vous prépariez mon linceul! Catherine, s'écria le page avec feu. S'il est mouillé de vos larmes, il me fera plus d'honneur après ma mort, que le manteau ducal ne pourrait m'en faire pendant ma vie. Mais bannissez cette faiblesse indigne de vous. Les circonstances exigent plus de fermeté. Soyez homme, Catherine : vous savez que vous pouvez être homme quand vous le voulez.

Catherine essuya ses larmes, et s'efforça de sourire.

— Je comprends ce que vous voulez dire, lui dit-elle; mais ne faites pas de questions en ce moment sur le sujet qui vous trouble tellement l'esprit : avec le temps vous saurez tout; vous le sauriez même dès à présent si..... Mais chut! voici la reine.

Marie sortit de son appartement plus pâle que de coutume, et paraissant épuisée par la fatigue d'une nuit passée dans de pénibles réflexions; et cependant son air de langueur faisait si peu de tort à sa beauté, qu'il substituait seulement la faiblesse délicate d'une femme aimable à la dignité d'une reine. Contre son usage, sa toilette avait été faite à la hâte, et ses cheveux, ordinairement arrangés avec grand soin par lady Fleming, s'échappant de dessous la coiffe dont ils avaient été précipitamment couverts, tombaient en longues boucles sur un sein moins soigneusement voilé que de coutume.

Dès qu'elle parut à la porte, Catherine, séchant ses larmes, courut à sa rencontre, fléchit un genou devant elle, lui baisa la main, et, se relevant aussitôt, se mit à son côté pour partager avec lady Fleming l'honneur de la soutenir. Le page avança le fauteuil qui lui servait ordinairement, en arrangea le coussin, prépara un tabouret pour ses pieds, se retira en face de la table, prit la place qu'occupait ordinairement aux heures du repas le jeune sénéchal, et se tint prêt à en remplir les fonctions. Les yeux de la reine se fixèrent un instant sur lui, et ne purent s'empêcher de remarquer ce changement de personne. Ce n'était pas le cœur de Marie qui aurait pu refuser sa compassion à un jeune homme malheureux pour elle, quoiqu'il eût été guidé dans son entreprise par une passion trop présomptueuse ; les mots : — Pauvre Douglas! — sortirent de sa bouche, peut-être sans qu'elle le sût elle-même. Elle s'assit sur son fauteuil, et porta son mouchoir à ses yeux.

— Oui, madame, dit Catherine en affectant un ton d'enjouement pour tâcher de dissiper la sombre tristesse de la reine, nous avons perdu le brave chevalier; il ne lui était pas réservé de mettre à fin cette aventure; mais il nous reste un jeune écuyer qui n'est pas moins dévoué au service de Votre Majesté, et qui vous offre, par ma bouche, son épée et son bras.

— S'ils peuvent jamais être utiles à Votre Majesté, ajouta Roland avec un salut respectueux.

— Hélas! Catherine, dit la reine, à quoi bon chercher à envelopper de nouvelles victimes dans ma ruine? Ne vaut-il pas mieux cesser de lutter contre les vagues, et nous résigner à nous y laisser engloutir, que de risquer d'entraîner avec nous dans l'abîme les ames généreuses qui voudraient nous sauver? Je n'ai eu autour de moi que trop de complots et d'intrigues dès l'instant de mon berceau, tandis que les nobles se disputaient à qui gouvernerait l'État au nom d'un enfant. Il est temps de mettre fin à de si longs troubles. J'appellerai ma prison un couvent, et mon injuste détention une retraite volontaire loin du monde et de ses dangers.

— Ne parlez pas ainsi devant de fidèles sujets, madame, dit Catherine; voulez-vous refroidir leur zèle et leur briser le cœur? Fille de tant de rois, conservez les sentimens qui conviennent au trône. — Roland, vous et moi nous sommes les plus jeunes ; prouvons à notre souveraine que nous sommes dignes d'embrasser sa cause. Prosternons-nous à ses pieds et conjurons-la de redevenir elle-même. Elle conduisit alors Roland devant la reine, ils s'agenouillèrent tous deux devant elle. Marie se leva, et présentant une main à baiser au page, de l'autre elle séparait les tresses de cheveux qui couvraient le front de l'enthousiaste Catherine.

— Hélas! ma *mignonne*, dit la reine, car elle nommait ainsi par amitié sa jeune suivante, faut-il que vous et ce jeune homme, à votre âge, unissiez la fortune de toute votre vie au sort d'une femme infortunée? Voyez-les, Fleming, n'est-ce pas un couple aimable? n'est-ce pas un crève-cœur que de songer que je dois les entraîner dans ma ruine?

— Non, s'écria vivement Roland ; non, gracieuse souveraine, ce sera nous qui serons vos libérateurs.

— *Ex ore parvulorum*, dit la reine en levant les yeux vers le ciel. Si c'est par la bouche de ces enfans que le ciel m'appelle à des pensées plus convenables à ma naissance et à mes droits, il leur accordera sa protection, et à moi le pouvoir de récompenser leur zèle. Se tournant alors vers lady Fleming : Vous savez, ma chère amie, lui dit-elle, si le plus grand plaisir de Marie n'a pas toujours été de rendre heureux ceux qui la servaient. Quand les prédicateurs du sombre calvinisme m'ont accablée de reproches, quand j'ai vu des nobles orgueilleux se détourner de moi, n'était-ce point parce que je partageais les plaisirs innocens des jeunes gens de ma cour, parce que, plutôt pour leur amusement que pour le mien, je leur donnais des fêtes, des danses, des bals masqués? Eh bien! je ne m'en repens point, quoique Knox appelât cette conduite un péché, et Morton une dégradation. J'étais heureuse, parce que je me voyais environnée d'êtres heureux; et malheur à celui qui cherche le crime dans les épanchemens d'une gaieté innocente! Fleming, si nous remontons sur notre trône, nous aurons une noce joyeuse: je ne vous dirai pas aujourd'hui quels seront les deux époux; mais l'époux aura la baronnie de Blairgowrie. C'est un présent digne d'une reine. Et la guirlande de la mariée sera formée des plus belles perles qu'on ait jamais pêchées dans le Lochlomond. Vous-même, Fleming, pour l'amour de moi, vous les entrelacerez dans ses cheveux. Voyez, s'ils étaient semblables à ceux-ci, ajouta-t-elle en passant la main sur la tête de Catherine, croyez-vous qu'ils ne feraient pas honneur à vos soins?

— Hélas! madame, répondit lady Fleming, où laissez-vous s'égarer vos pensées!

— Vous avez raison, Fleming; je sens qu'elles s'égarent; mais y a-t-il de l'humanité à m'en faire apercevoir? Dieu sait qu'elles ont pris cette nuit un tout autre cours! Allons, je veux retrouver le fil de celles qui m'occupaient tout à l'heure, ne fût-ce que pour vous punir de les avoir interrompues. Oui, dis-je, à cette joyeuse noce Marie oubliera le poids de ses chagrins et les soins du trône, et elle ouvrira le bal encore une fois. Quelle est la noce à laquelle nous avons dansé pour la dernière fois, Fleming? Je crois que les soucis m'ont troublé la mémoire, car je ne puis m'en souvenir. Ne pouvez-vous m'aider, Fleming? je suis sûre que vous le pouvez.

— Hélas, madame, pourquoi me demander....

— Quoi! dit Marie, vous me refusez une chose si facile ! c'est montrer trop d'opiniâtreté. Cette gravité semble m'accuser de folie. Mais vous avez été élevée à la cour, Fleming, et vous m'entendrez quand je vous dis que la reine ordonne à lady Fleming de lui dire quel est le dernier bal où elle a dansé.

La dame élevée à la cour n'osa refuser plus longtemps d'obéir; et, pâle comme si elle allait descendre dans la tombe, elle bégaya en hésitant à chaque mot:
—Gracieuse souveraine.... si ma mémoire ne me trompe pas, ce fut un bal masqué... à Holyrood... au mariage de Sébastien...

La malheureuse reine, qui jusqu'à ce dernier mot l'avait écoutée avec un sourire mélancolique occasioné par la répugnance avec laquelle lady Fleming s'exprimait, l'interrompit alors par un cri si perçant, que les voûtes de l'appartement en retentirent. Roland et Catherine, qui étaient encore à ses pieds, se relevèrent précipitamment; lady Fleming était l'image de la consternation; et les idées horribles que ce malheureux nom réveilla dans l'esprit de Marie lui firent perdre non-seulement tout pouvoir sur elle-même, mais jusqu'à l'usage de la raison.

— Traîtresse! s'écria-t-elle en fixant ses yeux égarés sur lady Fleming, tu voudrais assassiner ta souveraine! Qu'on appelle ma garde française! *A moi! à moi! mes Français!* Je suis entourée de traîtres dans mon propre palais! Ils ont assassiné mon époux! Au secours! au secours de la reine d'Écosse! — Elle fit quelques pas en avant; ses traits, naguère si aimables malgré leur pâleur, devinrent enflammés de fureur et la firent ressembler à une Bellone. Nous entrerons nous-même en campagne, s'écria-t-elle; qu'on prenne les armes dans

Édimbourg, dans tout le Lothian, dans le comté de Fife! Qu'on selle notre cheval barbe, et qu'on ordonne à François Paris de charger notre pétrinal (1). Il vaut mieux périr à la tête de ces braves Écossais, comme notre illustre aïeul à Flodden, que de mourir de chagrin et de désespoir, comme notre malheureux père!

— Ma très-chère souveraine, dit Catherine en pleurant, pour l'amour du ciel! calmez-vous. Et, se tournant vers lady Fleming, elle lui dit avec humeur : — Comment avez-vous pu lui dire quelque chose capable de lui rappeler son mari?

Ce dernier mot frappa les oreilles de la malheureuse princesse. — Son mari! répéta-t-elle, quel mari? Ce n'est pas le roi très-chrétien. Il est malade. Il ne peut monter à cheval. Est-ce Lennox? Non, c'est du duc d'Orkney que tu veux parler.

— Je vous en supplie, madame, dit lady Fleming, un peu de patience et de tranquillité.

Mais l'imagination en délire de la reine ne pouvait se distraire du cours des idées sombres qui l'occupaient. — Oui, dit-elle, qu'il vienne à notre aide, et qu'il amène avec lui ses moutons, comme il les appelle, Bowton, Hay de Talla, Black Ormiston, et son parent Hob. Dieu! comme ils sont noirs et comme ils sentent le souffre! Quoi! enfermé avec Morton! Si les Douglas et les Hepburn couvent le complot ensemble, l'oiseau, quand il rompra sa coquille, épouvantera toute l'Écosse. N'est-ce pas vrai, ma chère Fleming?

— Son esprit s'égare de plus en plus, dit lady Fleming : nous avons ici trop d'oreilles.

— Roland, dit Catherine, pour l'amour du ciel, re-

(1) Espèce d'arquebuse. — Ep.

tirez-vous. Vous ne pouvez nous être ici d'aucun secours; laissez-nous seules avec la reine. Partez, partez!

— En parlant ainsi, elle le poussait vers l'antichambre; mais, même quand il y fut entré, et que la porte en eut été fermée, il entendit encore la reine parler à haute voix et d'un ton absolu, comme si elle eût donné des ordres: mais enfin elle devint calme, et ne fit plus entendre que des gémissemens prolongés.

En ce moment Catherine entra dans l'antichambre.
—Ne soyez pas trop inquiet, lui dit-elle, la crise est passée; mais tenez la porte fermée et ne laissez entrer personne avant qu'elle soit parfaitement calme.

— Au nom de Dieu! que signifie tout cela? demanda le page; qu'y avait-il dans ce qu'a dit lady Fleming qui pût produire sur la reine un effet si terrible?

— Oh! lady Fleming, dit Catherine d'un ton d'impatience, lady Fleming est une folle. Elle est attachée à sa maîtresse, mais elle connaît si peu la manière dont elle doit lui prouver son attachement que, si la reine lui ordonnait de lui donner du poison, elle croirait de son devoir de lui obéir. Je lui aurais volontiers arraché son bonnet empesé de dessus la tête. La reine m'aurait tiré l'ame hors du corps plutôt que de faire sortir de ma bouche le nom de Sébastien. Faut-il que ce personnage de tapisserie soit une femme, et ne sache pas faire un petit mensonge!

— Et quelle est donc cette histoire de Sébastien? dit Roland. Je ne vois et n'entends ici que des énigmes.

— Vous n'avez pas plus de bon sens que lady Fleming, répliqua miss Seyton. Ne savez-vous donc pas que, pendant la nuit où Henry Darnley fut assassiné, et où l'on fit sauter l'église de Field, l'absence de la reine fut occasionée par un bal masqué qu'elle donnait à Holyrood pour le mariage de Sébastien, son domestique favori, avec une jeune fille attachée à son service, et qu'elle avait voulu honorer de sa présence?

— Par saint Giles! je ne suis plus surpris de la crise qu'elle a éprouvée; mais je ne conçois pas qu'elle ait pu oublier cet événement au point de faire une telle question à lady Fleming.

— Je ne le conçois guère mieux. Il est possible qu'un chagrin violent fasse perdre momentanément la mémoire; qu'il la couvre d'un brouillard semblable à la fumée qui suit un coup de canon. Mais je ne suis pas venue ici pour faire avec vous assaut de morale : je voulais seulement donner à mon ressentiment contre cette maladroite lady Fleming le temps de se refroidir; et je crois que je suis maintenant assez calme pour pouvoir me hasarder en sa présence sans avoir envie d'endommager son collet monté ou son vertugadin. Cependant gardez bien la porte. Pour rien au monde je ne voudrais qu'un de ces hérétiques vît la reine dans cet état déplorable : ils l'y ont réduite à force de persécutions, et ils ne manqueraient pas, dans leur jargon hypocrite, de l'appeler un jugement de la Providence.

A peine avait elle quitté l'antichambre, que Roland entendit lever le loquet de la porte donnant sur l'escalier; mais le verrou intérieur résista aux efforts de la personne qui voulait entrer.

— Qui est là? demanda le page.

— C'est moi, répondit la voix aigre et dure de Dryfesdale.

— Vous ne pouvez entrer.

— Et pourquoi cela? Je ne viens que pour faire mon

devoir. Je suis chargé de m'informer quelle est la cause des cris qu'on a entendus dans l'appartement de la dame moabite. A présent m'ouvrirez-vous la porte? Pourquoi ne pourrais-je pas entrer?

— Simplement parce que j'ai fermé le verrou, et que j'ai aujourd'hui le bon côté de la porte, comme vous l'aviez hier soir.

— Malappris! malavisé! s'écria l'intendant : est-ce à moi que tu oses parler ainsi? J'informerai ma maîtresse de ton insolence.

— L'insolence, s'il en existe, n'est destinée que pour toi, pour te punir de la tienne. Quant à ta maîtresse, j'ai une autre réponse à lui faire, et songe bien à la lui rapporter fidèlement : la reine est indisposée, et désire n'être troublée ni par des visites ni par des messages.

— Je vous conjure au nom du Dieu vivant, dit le vieillard d'un ton sérieux et solennel, de me dire si son mal semble véritablement s'accroître.

— Elle n'a besoin ni de tes secours ni de ceux de ta maîtresse ; elle n'en recevra aucun de vous : ainsi retire-toi, et ne nous importune pas davantage.

Forcé de se contenter de cette réponse sans réplique, Dryfesdale se retira, et Roland l'entendit descendre l'escalier en murmurant.

CHAPITRE XXXII.

> « C'est le malheur des rois d'être entourés d'esclaves,
> » Qui, vils adulateurs du pouvoir souverain,
> » Jamais pour un forfait ne refusent leur main.
> » Un geste est un arrêt, et souvent la victime
> » Tombe avant qu'un tyran ait ordonné le crime. »
>
> SHAKSPEARE. *Le roi Jean.*

LADY LOCHLEVEN était seule dans sa chambre, s'efforçant avec un zèle sincère, mais impuissant, de fixer ses yeux et son attention sur une Bible ouverte devant elle, reliée en velours brodé et ornée d'agrafes d'argent massif. Tous ses efforts ne purent bannir de son esprit le souvenir pénible de ce qui s'était passé la veille entre elle et la reine, et du sarcasme plein d'amertume avec lequel Marie Stuart lui avait reproché les erreurs de sa jeunesse, erreurs qu'elle s'était elle-même reprochées tant de fois.

— Ai-je bien le droit de concevoir tant de courroux? se demandait-elle à elle-même. Pourquoi une autre ne me ferait-elle pas un crime de ce qui n'a jamais cessé de me faire rougir? Mais était-ce à cette femme qui recueille, qui a recueilli du moins les fruits de ma faute, qui a privé mon fils du trône où il aurait dû s'asseoir, à me reprocher ma honte en face de tous ses domestiques et des miens? N'est-elle pas en mon pouvoir? ne me craint-elle pas? Retire-toi, maudit tentateur! Je lutterai contre toi, je serai la plus forte, et je n'écouterai pas tes perfides conseils.

Elle rouvrit le volume sacré, et elle s'efforçait de fixer son attention sur les paroles saintes, quand elle fut troublée par quelqu'un qui frappait à sa porte. Entrez, dit-elle; et Dryfesdale se présenta devant elle l'air troublé, et la physionomie encore plus sombre et plus sinistre que de coutume.

— Qu'est-il arrivé, Dryfesdale? lui dit-elle. Vous semblez soucieux et inquiet. Avez-vous reçu de mauvaises nouvelles de mon fils ou de ses enfans?

— Non, milady; mais vous avez été insultée la nuit dernière, et je crois que vous n'êtes que trop bien vengée ce matin. Où est le chapelain?

— Que signifient de tels propos, et pourquoi une pareille question? Vous devez savoir que le chapelain est à Perth pour une assemblée des frères.

— Peu importe, au surplus; car, après tout, ce n'est aussi qu'un prêtre de Baal.

— Dryfesdale, lui dit sa maîtresse d'un ton sévère, point de pareils propos. J'ai entendu dire que dans les

Pays-Bas vous vous êtes laissé pervertir par les prédicateurs anabaptistes, ces sangliers qui portent la désolation dans la vigne du Seigneur; mais apprenez que la religion que je professe, ainsi que ma famille, doit convenir à ceux qui sont à mon service.

— J'aurais pourtant besoin des avis d'un homme de Dieu, répliqua l'intendant sans faire attention à la réprimande de sa maîtresse, et comme s'il se fût parlé à lui-même : cette femme de Moab...

— Parlez d'elle avec plus de respect, Dryfesdale; elle est fille d'un roi.

— Qu'importe! elle va dans un endroit où l'on ne fait pas de différence entre un roi et un mendiant. Marie d'Écosse se meurt.

— Se meurt! s'écria lady Lochleven en se levant précipitamment; et dans mon château! Quelle maladie?... quel accident?...

— Patience, milady, patience; c'est moi qui ai tout fait.

— Toi.... scélérat! traître! comment as-tu osé...

— Vous avez été insultée, milady; vous avez demandé vengeance : je vous l'ai promise, et je viens vous dire maintenant qu'elle est accomplie.

— Dryfesdale... j'espère que tu as perdu la raison.

— Non, milady, je ne l'ai pas perdue. Il fallait bien que j'exécutasse ce qui a été écrit de moi il y a des millions d'années. Elle porte à présent dans ses veines ce qui ne peut tarder à arrêter les ressorts de sa vie.

— Monstre de scélératesse! aurais-tu bien osé l'empoisonner?

— Quel grand mal si je l'ai fait? N'empoisonne-t-on pas les insectes malfaisans, les animaux destructeurs?

8.

ne se débarrasse-t-on pas ainsi bien souvent de ses ennemis? En Italie on trouve des gens qui s'en chargent pour une cruzade.

— Infame misérable! éloigne-toi de mes yeux.

— Rendez plus de justice à mon zèle, milady, et ne me jugez pas sans regarder autour de vous. Lindesay, Ruthven et votre parent Morton ont assassiné Rizzio: voyez-vous une tache de sang sur leurs habits brodés? Lord Semple a poignardé lord Sanquhar : sa toque en figure-t-elle moins bien sur son front? Quel est le noble écossais qui, par politique ou par vengeance, n'a pas commis quelque meurtre? Qui leur en fait un reproche? N'importe quel est l'instrument de mort : le poignard et le poison tendent au même but, et ne sont pas fort différens; l'un est renfermé dans une gaine de cuir, l'autre dans une fiole de verre; l'un répand le sang, l'autre en corrompt la source. Je ne vous ai pourtant pas dit que j'aie rien donné à cette dame.

— Oses-tu donc bien te jouer de ta maîtresse par tout ce bavardage? Fais-moi connaître sur-le-champ la vérité, si tu veux sauver ton cou de la corde qu'il a si bien méritée. Je te connais depuis long-temps pour un homme dangereux.

— Mon épée l'a été bien souvent pour les ennemis de mon maître, milady. Mais vous saurez donc que la dernière fois que j'allai à Kinross, je consultai une vieille femme pleine de science et de pouvoir, une femme qu'on nomme la mère Nicneven, et dont on parle dans tout le pays depuis quelque temps. J'entendis des fous lui demander des charmes pour se faire aimer; des avares, quelques moyens pour augmenter leurs trésors. Ceux-ci désiraient qu'elle leur dévoilât l'avenir; sotte demande, puisqu'on ne peut rien changer à ce qui est écrit là-haut. Ceux-là voulaient des explications sur le passé; autre sottise, puisqu'on ne peut le rappeler. Je levai les épaules en entendant toutes ces fadaises, et je lui demandai de quoi assurer ma vengeance contre un ennemi mortel; car je deviens vieux, et je ne puis plus me fier à ma lame de Bilbao. Elle me remit une poudre blanche, et me dit : — Mêle-la dans quelque breuvage, et ta vengeance sera complète.

— Infernal scélérat! Et tu as mêlé cette poudre diabolique dans la nourriture de la captive, pour déshonorer à jamais la maison de ton maître!

— Dites pour venger son honneur outragé. Je l'ai délayée dans la carafe d'eau de chicorée. Elles manquent rarement de la vider; elles en boivent toutes, et surtout la femme moabite.

— C'est une œuvre de l'enfer! s'écria lady Lochleven. Maudits soient celui qui a demandé cette poudre abominable, et celle qui l'a donnée! Éloigne-toi de mes yeux, et que je voie s'il n'est pas déjà trop tard pour...

— On ne vous laissera pas entrer, milady, à moins que vous n'employiez la violence. Je me suis déjà présenté inutilement à la porte.

— Je la ferai briser s'il le faut, et..... ouvrant alors une fenêtre : Randal! s'écria-t-elle, Randal! un grand malheur est arrivé; prends vite l'esquif, fais force de rames, et rends-toi à Kinross. Amène-moi le chambellan Luc Lundin; on dit qu'il a des connaissances en médecine. Prends les meilleurs rameurs; ne perds pas un instant. Amène-moi aussi cette exécrable sorcière Nicneven; il faudra qu'elle répare le mal qu'elle a fait, et je la ferai brûler ensuite dans l'île de Saint-Serf.

— Il sera difficile de faire venir la mère Nicneven à de telles conditions, dit Dryfesdale.

— Eh bien! Randal, qu'on lui donne un sauf-conduit en mon nom; qu'on lui promette de ma part pleine et entière sûreté. Songe à faire diligence; ta vie me répondra du moindre retard.

— J'aurais dû deviner tout cela, dit Dryfesdale avec humeur; mais ce qui me console, c'est que j'ai assuré ma vengeance en même temps que la vôtre. Elle a ri de moi, elle m'a bafoué, elle a encouragé son insolent page à tourner en ridicule ma démarche lente et mon ton de gravité. J'ai senti que j'étais prédestiné à me venger de ces injures.

— Rends-toi dans la prison de la tour, misérable, et n'en sors pas avant que je voie comment cette horrible aventure se terminera. Je connais ton caractère déterminé, tu ne songeras pas à t'échapper.

— M'échapper! non vraiment, quand même les murs de la tour seraient des coquilles d'œufs, et que le lac serait couvert d'une nappe de glace. Je suis bien appris, et fort dans la foi que l'homme ne peut rien de lui-même. Il est semblable au globule d'air qui s'élève sur la surface de l'eau, s'y arrondit, et crève, non par l'effet de sa volonté, mais parce que tel est son destin. Cependant, milady, si j'ose vous donner un conseil, malgré tout votre zèle pour la vie de la Jézabel d'Écosse, n'oubliez pas ce qui est dû à votre honneur, et tenez l'affaire secrète autant que vous le pourrez.

A ces mots le sombre fataliste se retira d'un air calme, et se rendit dans le lieu de détention qui lui avait été désigné.

Sa maîtresse profita pourtant de son dernier avis, et

se borna à exprimer la crainte que quelque nourriture malsaine n'eût occasioné la maladie de sa prisonnière. Tout le château était en confusion. Elle vit elle-même partir Randal, lui réitéra les ordres qu'elle lui avait déjà donnés, et lui recommanda de veiller à ce que Lundin apportât avec lui tous les remèdes qu'il jugerait propres à arrêter l'effet du poison.

A peine était-il parti, qu'elle courut à la porte de l'appartement de la reine ; mais ce fut en vain qu'elle ordonna au page de la lui ouvrir.

— Jeune insensé, lui dit-elle, sais-tu bien qu'il y va de ta vie et de celle de ta maîtresse ! Ouvre-moi à l'instant, te dis-je, ou je fais enfoncer la porte.

— Je ne puis l'ouvrir sans l'ordre de la reine, répondit Roland ; elle s'est trouvée fort mal, et maintenant elle repose. Si vous employez la violence pour entrer, et qu'il en résulte quelque malheur, c'est vous qui en serez responsable.

— Jamais femme se vit-elle dans un pareil embarras? s'écria lady Lochleven. Du moins, mon cher ami, ayez bien soin que personne ne touche à rien de ce qu'on vous a servi ce matin, et surtout à la carafe d'eau de chicorée.

Elle se rendit alors dans la prison de la tour, où elle trouva Dryfesdale, prisonnier sur parole, occupé à lire sa Bible.

— Ta maudite potion devait-elle opérer promptement? lui demanda-t-elle.

— Lentement, répondit l'intendant. La sorcière m'a demandé ce que je voulais, et je lui ai demandé une vengeance sûre et lente. La vengeance est le breuvage le plus agréable que puisse goûter un mortel. Il faut donc le savourer en s'en abreuvant goutte à goutte, et ne pas l'avaler d'un seul trait.

— Et contre qui, misérable, pouvais-tu nourrir de si noirs projets de vengeance? Car tu n'as pas été ce matin à Kinross, et tu t'étais muni d'avance de ton exécrable poison.

— Contre toutes ces Moabites, mais surtout contre cet insolent page.

— Contre ce jeune page! barbare! Qu'avait-il donc fait pour exciter ta haine?

— Il avait obtenu vos bonnes graces; vous le chargiez de vos commissions; George Douglas lui témoignait de l'amitié; il était favori du calviniste Henderson, qui me haïssait parce que je ne reconnais pas l'ordre de prêtrise; la reine moabite le portait dans son cœur : en un mot, des points les plus opposés le vent soufflait pour lui, tandis que personne ne faisait attention à l'ancien serviteur de votre maison. D'ailleurs, dès le premier moment que je l'ai vu, je l'ai pris en aversion.

— Quel abominable démon j'ai nourri dans mon château! s'écria lady Lochleven. Dieu pourra-t-il me pardonner jamais de t'avoir donné la vie et le couvert?

— Vous ne pouviez faire autrement, milady. Bien avant que ce château fût construit, avant que cette île se fût élevée au milieu des vagues bleues qui l'entourent, il était écrit que je serais votre serviteur fidèle, et que vous seriez mon ingrate maîtresse. Ne vous souvenez-vous pas que du temps de la mère de cette femme je me suis élancé au milieu des bataillons des Français victorieux, et que je sauvai votre mari qu'ils emmenaient prisonnier, tandis que ceux qui avaient sucé le lait des mêmes mamelles n'avaient osé lui porter du secours? Avez-vous oublié que je me jetai dans le lac le jour qu'une tempête furieuse menaçait de submerger l'esquif de votre petit-fils, et que je parvins à vous le ramener sain et sauf? Le serviteur d'un baron écossais, milady, ne considère ni sa vie, ni celle de personne; il ne songe qu'à celle de son maître. Quant à cette femme, elle aurait pris la poudre un peu plus tôt, si maître George n'eût été chargé de faire l'essai de tout ce qu'elle prenait. Sa mort ne serait-elle pas la plus heureuse nouvelle que l'Écosse ait apprise depuis long-temps? Ne descend-elle pas de la souche des Guise, de cette souche si souvent couverte du sang des justes? N'est-elle pas la fille de ce tyran Jacques, dont le ciel a fait justice, et dont il a châtié l'orgueil comme celui du roi de Babylone?

— Tais-toi, misérable, dit lady Lochleven, que des souvenirs de diverse nature assaillirent en même temps quand elle entendit prononcer le nom du roi qui avait été son amant; tais-toi, et ne trouble pas les cendres d'un roi, d'un roi infortuné. Lis ta Bible, et que Dieu t'accorde la grace de profiter de cette lecture mieux que tu ne l'as fait jusqu'ici.

Elle le quitta brusquement, ne sachant que faire, ni où aller, et tourmentée par mille réflexions qui se croisaient dans son esprit. Enfin elle résolut d'essayer de nouveau d'entrer chez sa prisonnière. Mais à peine eut-elle quitté Dryfesdale, que ses larmes coulèrent si abondamment qu'elle fut obligée de s'arrêter dans le premier appartement qu'elle rencontra, afin de les essuyer.

— Je ne m'y attendais pas, dit-elle; pas plus qu'à tirer de l'eau d'une pierre, ou de la sève d'un cep de vigne desséché. J'ai vu d'un œil sec la honte et l'apostasie de George Douglas, l'espoir de la maison de mon fils, l'enfant de ma tendresse, et maintenant je pleure sur celui que le tombeau couvre depuis si long-temps, sur celui qui m'a exposée à l'insulte que j'ai reçue de sa fille! Mais elle est sa fille! Mon cœur, que tant de raisons endurcissent contre elle, s'amollit quand un de ses regards me montre les yeux de son père; et ce n'est que sa ressemblance à sa mère détestée, à cette véritable fille de la maison de Guise, qui peut me rendre toute ma haine. Mais il ne faut pas qu'elle meure dans mon château, et qu'elle y meure par un tel crime. Dieu merci, l'action du poison doit être lente; on aura le temps d'y apporter remède. Allons, retournons à son appartement. Mais que dire de ce misérable assassin, après toutes les preuves de dévouement qu'il m'a données? Quel miracle peut réunir dans le même être tant de scélératesse et de fidélité?

Lady Lochleven ne savait pas combien les hommes que la nature a doués d'un caractère sombre et déterminé ressentent vivement la plus légère insulte, surtout quand l'égoïsme, la jalousie et la cupidité viennent s'y joindre, et que toutes ces passions sont mises en jeu par un fanatisme aveugle, semblable à celui dont Dryfesdale avait puisé les principes parmi les sectaires d'Allemagne; elle ignorait combien la doctrine du fatalisme, qu'il avait si décidément embrassée, met à l'aise la conscience de l'homme, en lui représentant toutes ses actions comme le résultat d'une nécessité inévitable.

Pendant qu'elle faisait sa visite à son intendant, prisonnier volontaire, Roland avait communiqué à Catherine la conversation qu'il avait eue avec la maîtresse du château à travers la porte. Miss Seyton avait l'intelligence trop vive pour ne pas comprendre sur-le-champ ce dont il s'agissait; mais les préventions qu'elle avait conçues la firent aller au-delà de la vérité.

— Elle voulait nous empoisonner! s'écria-t-elle, et voilà la liqueur fatale qui devait nous endormir du long sommeil! Oui, nous devions nous y attendre; cela devait arriver du moment que Douglas ne faisait plus l'essai de nos alimens. Et vous, Roland, chargé de le remplacer dans cette fonction, vous étiez destiné à mourir avec nous. O ma chère lady Fleming, pardon, mille fois pardon des injures que je vous ai dites dans un mouvement de colère. C'est le ciel qui vous a inspiré vos paroles pour sauver la vie de la reine et la nôtre. Mais qu'allons-nous faire à présent? Cette vieille empoisonneuse, ce crocodile du lac, va revenir pour jouir de notre agonie en versant des larmes hypocrites. Dites, lady Fleming, que ferons-nous?

— Que la sainte Vierge nous aide! dit lady Fleming. Que voulez-vous que je vous dise? A moins que nous ne fassions une plainte au régent!

— Une plainte à Pluton, s'écria Catherine avec impatience, en accusant Proserpine au pied de son trône de feu! La reine dort encore; il faut gagner du temps; il ne faut pas que la sorcière sache que son plan est échoué. La vieille araignée n'a que trop de moyens pour raccommoder sa toile rompue. Roland, aidez-moi: videz dans les cendres de la cheminée la carafe d'eau de chicorée, entamez tous les plats, salissez les assiettes; que tout semble annoncer que nous avons déjeuné comme à l'ordinaire; mais, pour l'amour du ciel, gardez-vous bien de toucher à rien. Je vais m'asseoir près de la reine ; et, dès qu'elle s'éveillera, je lui apprendrai quel péril nous avons couru. Son esprit fertile en ressources nous dira ce qu'il convient de faire. Cependant, Roland, souvenez-vous que, jusqu'à nouvel ordre, la reine souffre considérablement ; lady Fleming est dans un état de torpeur. C'est le rôle qui lui convient le mieux, lui dit-elle à l'oreille : il épargnera quelque travail à son esprit ; et moi... je ne suis que légèrement indisposée. Vous m'entendez ?

— Et moi ? dit Roland.

— Vous ? Parfaitement bien portant. Croyez-vous qu'on s'amuse à vouloir empoisonner un page ? Pas plus qu'un petit chien de dame.

— Croyez-vous que ce ton de légèreté convienne à la circonstance, miss Seyton ?

— Oui, oui, parfaitement. Si la reine m'approuve, je vois clairement que cette tentative manquée pourra tourner à notre avantage.

Pendant ce dialogue, elle et Roland mettaient le désordre dans tous les plats qui garnissaient la table ; de sorte que toutes les apparences annonçaient que la reine et les personnes de sa suite avaient pris leur repas du matin.

Les deux dames venaient à peine de rentrer dans la chambre à coucher de la reine, que lady Lochleven frappa de nouveau à la porte. Le page résista un moment pour la forme, et lui ouvrit ensuite en la priant de l'excuser. La reine, lui dit-il, s'était trouvée indisposée immédiatement après avoir déjeuné ; on l'avait portée sur son lit, et elle était tombée dans un sommeil pesant.

— Elle a donc bu et mangé? demanda lady Lochleven en entrant dans le salon.

— Sans doute, répondit le page, comme elle le fait tous les matins, excepté les jours de jeûne.

— Et la carafe? dit-elle en la cherchant des yeux sur la table. Elle est vide! Lady Marie a-t-elle bu tout ce qui s'y trouvait?

— Près des trois quarts, madame; et j'ai entendu miss Seyton reprocher en plaisantant à lady Fleming qu'elle ne lui en avait pas laissé une part raisonnable, et qu'à peine pouvait-elle y goûter.

— Et comment se trouvent-elles toutes deux?

— Je ne sais ce que cela signifie, répondit Roland; mais lady Fleming se plaint d'une sorte de léthargie, et paraît plus pesante qu'à l'ordinaire; miss Catherine, au contraire, semble avoir la tête encore plus légère que de coutume.

Il éleva la voix en faisant cette dernière réponse, pour apprendre aux deux dames le rôle qu'elles devaient jouer, et peut-être aussi pour que Catherine entendît le sarcasme qu'en véritable page il décochait contre chacune d'elles.

— Il faut que j'entre dans la chambre de la reine, dit lady Lochleven; il faut absolument que je la voie.

Comme elle s'avançait vers la porte, on entendit miss Seyton, qui disait à demi-voix : — Personne n'entrera ici, la reine repose.

— Je vous dis qu'il faut que j'entre, jeune fille. Je sais qu'il n'y a pas de barre de fer à l'intérieur, et j'entrerai en dépit de vous.

— Il est vrai qu'il n'y a pas de barre de fer; mais les anneaux y sont, et j'y ai passé mon bras, comme le fit une de vos ancêtres qui, plus loyale que les Douglas de nos jours, défendit ainsi la chambre de sa souveraine contre des assassins. Essayez donc votre force, et vous verrez si une Seyton ne peut avoir le même courage qu'une Douglas.

— Je n'ose entreprendre de forcer le passage à ce risque, dit lady Lochleven comme en se parlant à elle-même. Il est bien étrange que cette princesse, avec tout ce qu'on lui reproche avec tant de raison, conserve un tel empire sur l'esprit de tout ce qui l'entoure. Miss Seyton, dit-elle alors en élevant la voix, je vous jure, sur mon honneur, que je ne viens ici que par intérêt pour la reine; que sa sûreté exige que je la voie. Éveillez-la, si vous l'aimez, et priez-la de me permettre d'entrer. J'attendrai sa réponse; et elle se promena, non sans impatience, dans le salon.

— Vous n'éveillerez pas la reine, dit lady Fleming à Catherine.

— Que voulez-vous faire? Croyez-vous qu'il vaille mieux attendre que lady Lochleven vienne prendre ce soin elle-même? Son accès de patience ne sera pas de longue durée, et il faut préparer la reine à la voir.

— Mais, en l'éveillant en sursaut, vous la ferez retomber dans l'état affreux dont elle ne fait que de sortir.

— A Dieu ne plaise! Mais si ce malheur arrivait, nous le ferions passer pour l'effet du poison. J'ai de meilleures espérances, et je me flatte que la reine, en s'éveillant, sera en état de nous éclairer sur ce que nous devons faire dans ce moment de crise. Cependant, ma chère lady Fleming, ayez l'air d'être aussi lourde et aussi appesantie que vous le permettra votre vivacité d'esprit.

Catherine s'agenouilla près du lit de la reine, et, lui baisant la main à plusieurs reprises, parvint à l'éveiller sans l'alarmer. Marie Stuart parut d'abord surprise de se trouver sur son lit toute habillée ; mais elle était si calme et si tranquille que miss Seyton jugea à propos de l'informer en peu de mots, et sans préambule, de tout ce que venait de se passer. La reine pâlit et fit le signe de la croix en apprenant le danger qu'elle avait couru. Mais, en ouvrant les yeux sur sa situation, elle sentit en même temps l'avantage qu'elle en pouvait tirer.

— Nous ne pouvons mieux faire, mignonne, dit-elle à Catherine en la pressant sur son sein et en lui baisant le front, que de suivre le plan que ton esprit et ton affection t'ont suggéré avec autant de hardiesse que de promptitude. Ouvre la porte à lady Lochleven ; elle trouvera son égale en ruse, sinon en perfidie. Fleming, tirez le rideau, placez-vous derrière, et appuyez-vous sur mon lit. Je doute que vous soyez une excellente actrice ; mais feignez de respirer avec peine, et poussez de temps en temps un gémissement : ce sera tout votre rôle. Chut ! on vient. Maintenant, Catherine de Médicis, puisse ton esprit m'inspirer ! car un froid cerveau du nord n'est pas ce qu'il faut pour une pareille scène.

Catherine introduisit lady Lochleven dans la chambre à coucher, où il ne régnait qu'un demi-jour. La maîtresse du château s'avança sur la pointe des pieds vers le lit. Marie, épuisée de fatigue autant par l'effet d'une nuit d'insomnie que par l'accès de son délire momentané, restait étendue dans un état d'immobilité bien propre à confirmer les craintes de son hôtesse.

— Que Dieu nous pardonne nos péchés ! s'écria lady

Lochleven, oubliant son orgueil, et se jetant à genoux près du lit. Il n'est donc que trop vrai! on l'a assassinée!

— Qui est dans ma chambre? dit la reine, comme si elle se fût éveillée d'un profond sommeil. Seyton, Fleming, où êtes-vous donc? Il me semble que j'ai entendu une voix étrangère. Qui est de service aujourd'hui? appelez Courselles.

— Hélas! dit la maîtresse de la maison, son esprit est à Holyrood quand son corps est à Lochleven. Pardonnez-moi, madame, dit-elle en s'adressant à la reine, si j'appelle votre attention sur moi. Je suis Marguerite Erskine, de la maison de Mar, lady Douglas de Lochleven par mariage.

— Oh! dit la reine, c'est notre bonne hôtesse, qui a pris tant de soins pour notre logement et notre nourriture. Nous avons été trop long-temps un fardeau bien pesant pour vous, ma bonne lady Lochleven; mais nous pensons que vos fonctions touchent à leur fin.

— Ces paroles sont un poignard qui me perce l'ame! dit lady Lochleven à demi-voix. C'est le cœur brisé, dit-elle à la reine, que je supplie Votre Grace de me dire ce qu'elle souffre, afin qu'on puisse chercher tous les moyens de la soulager.

— Je ne souffre point, répondit la reine, ou du moins cette souffrance est si peu de chose, qu'elle ne mérite pas qu'on en parle à un médecin. De la pesanteur dans tous les membres et un froid au cœur; les membres et le cœur d'un prisonnier sont rarement exempts de ces symptômes. Un air frais et libre contribuerait, je crois, à ma guérison; mais le conseil l'a ordonné, et la mort seule peut mettre fin à ma captivité.

— S'il était possible, madame, dit lady Lochleven, que la liberté vous rendît la santé dont vous jouissiez hier, je m'exposerais à tout le courroux du régent, de mon fils, de sir William, de tous mes amis, plutôt que de vous voir terminer vos jours de cette manière dans mon château.

Lady Fleming crut que le moment était favorable pour prouver qu'on n'avait point assez apprécié son savoir-faire. Levant brusquement la tête : — Vous ne feriez pas si mal, lui dit-elle, d'essayer l'effet que la liberté pourrait produire sur notre santé. Quant à moi, je suis convaincue qu'une promenade dans la prairie me ferait le plus grand bien du monde.

— Oui-da! dit lady Lochleven en lançant sur elle un regard pénétrant : — êtes-vous bien sérieusement indisposée, milady?

— Très-sérieusement, madame, répondit lady Fleming, et surtout depuis le déjeuner.

— A l'aide! à l'aide! s'écria Catherine, voulant rompre une conversation qui ne promettait rien de bon. La reine a perdu connaissance. Lady Lochleven, aidez-moi à la secourir.

Lady Lochleven alla prendre de l'eau, en frotta le visage et les tempes de la reine, et lui prodigua tous les soins qu'elle put imaginer. Au bout de quelques instans, Marie ouvrit les yeux, et, les tournant vers la maîtresse du château, elle lui dit d'un ton languissant : — Grand merci, ma chère lady Lochleven ; malgré ce qui s'est passé depuis quelque temps, je n'ai jamais douté de votre affection pour notre maison. Vous en avez donné des preuves, à ce que j'ai entendu dire, dès avant ma naissance.

Lady Lochleven, qui s'était remise à genoux près du lit, se releva sur-le-champ, courut à une fenêtre, et l'ouvrit comme si elle eût eu besoin de prendre l'air.

— Que la sainte Vierge nous protège! pensa Catherine : combien il faut que l'amour du sarcasme soit gravé profondément sur le cœur d'une femme! La reine, avec tout son bon sens, aime mieux courir le risque de se perdre que de retenir un brocard. S'approchant alors de la reine, elle se pencha sur son lit, et lui dit à voix basse : — Pour l'amour du ciel, madame, retenez votre langue!

— Vous prenez trop de liberté, Seyton, lui répondit la reine. Pardon, mignonne, ajouta-t-elle aussitôt ; je rends justice à ton zèle ; mais quand j'ai senti les mains de cette vieille empoisonneuse me toucher le visage et le cou, j'ai éprouvé tant de haine et de dégoût, qu'il fallait que le trait partît ou que je périsse. Mais je ferai plus d'attention à mes discours. Seulement veille à ce qu'elle ne me touche pas.

— Maintenant, Dieu soit loué! dit lady Lochleven en se retirant de la fenêtre, l'esquif fend le lac avec autant de vitesse que voiles et rames peuvent en donner. Il amène le docteur et une vieille femme. C'est sûrement celle que j'attends, à en juger par son extérieur. Ah! si lady Marie pouvait être hors de mon château sans danger pour mon fils! je voudrais qu'elle fût sur la plus haute des montagnes de Norwège! Plût au ciel que j'y eusse été moi-même avant de m'être chargée de la garder!

Tandis qu'elle s'exprimait ainsi, étant seule à une fenêtre, Roland, placé près d'une autre, voyait l'esquif rapidement s'avancer vers le rivage. Il reconnut le docteur chambellan, avec son habit de velours noir, assis sur la poupe, tandis que Magdeleine Græme, sous le nom de la mère Nicneven, debout sur la proue, les mains jointes, et la tête tournée vers le château, semblait devancer par ses vœux l'instant d'y arriver. Ils débarquèrent enfin. On fit rester la prétendue sorcière dans une salle du rez-de-chaussée, et l'on conduisit le docteur dans l'appartement de la reine, où il entra d'un air grave et solennel.

Cependant Catherine, s'éloignant un instant du lit de la reine, s'avança vers Roland, et lui dit à voix basse : — Il me semble qu'en dépit de cette longue barbe et de cet habit de velours noir qui montre la corde, ce docteur n'est qu'un âne qu'il ne serait pas difficile de brider. Mais votre aïeule, Roland, votre aïeule! Son zèle aveugle nous perdra, si l'on ne peut l'avertir qu'il faut qu'elle dissimule.

Roland, sans lui répondre, se glissa vers la porte de la chambre à coucher, traversa le salon et entra dans l'antichambre; mais quand il voulut en sortir, il fut arrêté par les mots : — On ne passe pas! prononcés en même temps par deux hommes armés de carabines et placés en faction près de la porte, ce qui le convainquit que les soupçons de lady Lochleven ne s'étaient pas endormis au milieu des alarmes qui l'agitaient, et qu'elle n'avait pas oublié, dans ce moment de trouble, de placer des sentinelles pour veiller sur ses prisonnières. Il fut donc obligé de rentrer dans le salon, où il trouva la maîtresse du château en conférence avec le docteur.

— Trève de votre jargon scientifique, Lundin, lui disait-elle, et dites-moi sur-le-champ si cette dame a pris quelque nourriture malfaisante et dangereuse.

— Mais, ma digne dame, mon honorée maîtresse, que je dois servir doublement, tant en ma qualité officielle que comme professant le noble art de guérir, daignez me permettre de vous parler raison. Si cette dame, mon illustre malade, ne veut répondre à mes questions que par des soupirs et des gémissemens ; si cette autre honorable dame assise près du lit de la première ne fait que bâiller quand je lui demande quels sont les diagnostics de la maladie ; enfin, si cette jeune demoiselle, qui, je le déclare, a une figure très-avenante et est une fort jolie fille...

— Il ne s'agit pas de figures ni de jolies filles, s'écria lady Lochleven ; c'est de leur santé qu'il est question. En un mot, ont-elles pris du poison, oui ou non ?

— Les poisons, milady, se divisent en trois classes, répondit le docte chambellan : les uns sont tirés du règne animal, comme le *lupus marinus*, dont parlent Galien et Dioscoride ; les autres du règne minéral, comme le régule sublimé d'antimoine, le vitriol et l'arsenic ; d'autres enfin appartiennent au règne végétal, comme l'opium, l'aconit, et l'*aqua cymbalariæ*. En outre...

— Vit-on jamais pareil fou ! s'écria la maîtresse du château : mais je suis moi-même encore plus folle d'attendre quelque chose de raisonnable d'une pareille souche.

— Accordez-moi un peu de patience, milady. Quant aux symptômes internes et externes, je ne puis rien découvrir qui annonce ce dont vous me parlez. Mais je voudrais savoir ce qu'elles ont bu ou mangé, voir les restes de leur dernier repas ; car, comme le dit Galien dans son second livre, *de antidotis*...

— Ne m'ennuyez pas plus long-temps, dit lady

Lochleven. Qu'on me fasse venir cette vieille sorcière. Il faudra qu'elle déclare ce qu'elle a donné à ce scélérat de Dryfesdale, ou je lui ferai serrer les pouces jusqu'à ce qu'elle en fasse l'aveu.

— L'art n'a pas de plus grand ennemi que l'ignorance, dit le docteur mortifié; mais il eut soin de citer cet aphorisme en grec, et il se retira dans l'embrasure d'une croisée.

Magdeleine Græme ne tarda point à arriver. Elle était vêtue du même costume qu'elle portait à la foire de Kinross, et dont nous avons déjà fait la description; mais son chapeau était relevé, sa mentonnière était rejetée en arrière; en un mot, elle ne cherchait ni à cacher sa figure, ni à se déguiser. Elle était accompagnée de deux gardes auxquels elle ne semblait faire aucune attention; mais ceux-ci la suivaient avec un air d'embarras et de timidité occasioné probablement par la croyance qu'ils avaient en son pouvoir surnaturel, jointe à l'effet que produisait sur eux sa démarche hardie et intrépide. Elle fixa les yeux sur lady Lochleven, qui, piquée de son air d'assurance, appela en vain à son aide un regard fier et sévère pour les lui faire baisser.

Voyant qu'elle ne pouvait y réussir, — Misérable, lui dit-elle enfin d'un ton de mépris, quelle est la poudre que tu as donnée à un serviteur de cette maison nommé Robert Dryfesdale, pour le mettre en état de satisfaire lentement une secrète vengeance? Confesse sur-le-champ quelle en est la nature et quelles en sont les propriétés, ou, sur l'honneur d'une Douglas, je te fais brûler vive avant que le soleil soit couché.

— Hélas! répondit Magdeleine, depuis quand un

Douglas ou le serviteur d'un Douglas sont-ils assez dépourvus de moyens de vengeance pour venir en demander à une pauvre femme solitaire? Les tours dans lesquelles vos malheureux captifs trouvent un tombeau ignoré s'élèvent encore sur leurs fondations; les crimes commis sous leurs voûtes ne les ont pas encore renversées; vos hommes d'armes sont encore munis d'arbalètes, de pistolets et de poignards. Qu'avez-vous besoin d'herbes ou de charmes pour remplir vos projets de vengeance?

— Écoute-moi, maudite sorcière, dit lady Lochleven. Mais qu'ai-je besoin de m'abaisser à te parler? Qu'on amène ici Dryfesdale afin de le lui confronter.

— Ne donnez pas cette peine à vos gens, madame, dit Magdeleine Græme: je ne suis pas venue ici pour être confrontée avec un vil valet, ni pour répondre aux interrogatoires de la maîtresse hérétique du roi Jacques; c'est à la reine d'Écosse que je dois parler. Qu'on me fasse place!

En parlant ainsi elle poussa de côté lady Lochleven, confondue d'une telle audace et étourdie de la nouvelle insulte qu'elle venait de recevoir, et entra dans la chambre de la reine. Là, se mettant à genoux, elle baissa la tête à la manière orientale, comme si elle eût voulu toucher la terre avec le front.

— Salut, princesse, s'écria-t-elle, salut, fille de tant de rois, et plus grande qu'eux par les épreuves que tu as été appelée à subir pour la foi! Salut, toi dont la couronne d'or pur a été éprouvée dans la fournaise sept fois ardente des tribulations! Écoute les consolations que Dieu et la sainte Vierge t'envoient par la bouche de ton indigne servante. Mais d'abord... Alors baissant la tête, elle fit un signe de croix et parut reciter à voix basse quelque formule de dévotion.

— Qu'on la saisisse! s'écria lady Lochleven transportée de fureur. Qu'on la plonge dans le plus noir des cachots! Le diable seul peut avoir inspiré à cette abominable sorcière la hardiesse d'insulter la mère d'un Douglas jusque dans son propre château.

— M'est-il permis, honorable dame, dit le docteur, de vous faire une observation? Je crois qu'il serait à propos de la laisser parler sans l'interrompre. Il est possible qu'elle nous apprenne quelque chose relativement au julep qu'elle a administré à ces dames, contre les lois et les règles de l'art, par le moyen de votre intendant Dryfesdale.

— Ce n'est pas trop mal raisonner pour un sot, dit lady Lochleven, et je suivrai cet avis. Je maîtriserai mon ressentiment jusqu'à ce qu'elle se soit expliquée.

— A Dieu ne plaise, respectable dame, que je vous engage à le réprimer plus long-temps. Rien ne serait plus dangereux pour vous-même; et véritablement, s'il y a de la sorcellerie dans cette affaire, des auteurs célèbres qui ont écrit sur la démonologie prétendent que trois scrupules des cendres de la sorcière qui a été bien et soigneusement brûlée à un poteau, sont un grand *catholicon* en pareil cas; de même qu'on prescrit *crinem canis rabidi*, le poil du chien enragé qui a mordu le malade, dans les cas d'hydrophobie. Je ne garantis pourtant le succès ni dans l'un ni dans l'autre cas, parce que ce traitement sort de la méthode régulière des écoles; mais, dans le cas présent, que risque-t-on d'en faire l'expérience sur cette vieille nécromancienne? *Feciamus experimentum*, comme nous disons, *in animâ vili*.

— Silence, bavard! dit lady Lochleven ; elle s'apprête à parler.

Magdeleine, ayant fini sa prière, se relevait en ce moment. Elle se tourna du côté de la reine, et s'avança vers elle, s'arrêtant à deux pas de son lit, un pied en avant, le bras droit étendu, et prenant l'attitude d'une sibylle inspirée. Ses cheveux gris s'échappant de dessous son chapeau, ses yeux brillant d'un feu surnaturel, ses traits ridés et maigris, mais pleins d'expression, son air d'enthousiasme approchant de la frénésie, prêtaient à toute sa personne un caractère extraordinaire et imposant. Elle roula quelques instants de côté et d'autre des yeux égarés, comme si elle avait cherché les moyens de donner plus de force à ce qu'elle voulait dire; et ses lèvres tremblaient, agitées par un mouvement nerveux, comme si elle eût voulu parler, et que les expressions qui se présentaient à elle eussent été insuffisantes pour bien rendre ses idées. Marie elle-même éprouva une sorte d'influence magnétique; et, se soulevant sur son lit, resta les yeux fixés sur ceux de Magdeleine, sans pouvoir les en détourner, semblant attendre l'oracle de la pythonisse. Elle n'attendit pas long-temps; car l'enthousiaste s'étant recueillie un instant, ses regards se fixèrent sur la reine, ses traits prirent une énergie déterminée; et, dès qu'elle eut commencé à parler, les paroles coulèrent de sa bouche avec une rapidité qui aurait pu passer pour une inspiration.

— Lève-toi! s'écria-t-elle, reine de France et d'Angleterre! lève-toi, lionne d'Écosse, et ne sois point épouvantée, quoique tu sois entourée par les rets des chasseurs! Ne t'abaisse pas à feindre avec les traîtres que tu dois bientôt rencontrer sur le champ de bataille. L'issue en dépendra du Dieu des armées; mais c'est par les armes que ta cause doit se décider. N'aie donc pas recours aux artifices des mortels vulgaires, et prends l'attitude qui convient à une reine. Tu as défendu la seule vraie foi; l'arsenal des cieux te sera ouvert. Fidèle fille de l'Église, prends les clefs de saint Pierre pour lier et délier; souveraine de ce royaume, arme-toi du glaive de saint Paul pour combattre et triompher! Ta destinée est couverte d'un voile; mais ce n'est pas dans cette tour, ce n'est pas sous les lois de cette femme orgueilleuse qu'elle doit se terminer. La lionne peut succomber sous les griffes de la tigresse; mais elle n'a rien à craindre de la farouche panthère. La reine d'Écosse ne restera pas long-temps captive dans ses états, et le sort de la fille des Stuarts n'est pas entre les mains du traître Douglas. Que tes geôliers doublent leurs verrous, qu'ils te creusent de profonds cachots, ils ne te retiendront pas en captivité. Tous les élémens se soulèveront pour ta délivrance. La terre engloutira cette maison dans ses abîmes; la mer la couvrira de ses eaux; l'air déchaînera contre elle les ouragans et les tempêtes; le feu la dévorera de ses flammes vengeresses, plutôt que de souffrir qu'elle te serve plus long-temps de prison. Écoutez cela, et tremblez, vous tous qui combattez contre la lumière; car celle qui vous prédit ces choses en a reçu la révélation.

Elle se tut, et le docteur stupéfait dit à lady Lochleven à demi-voix : — S'il y a jamais eu de nos jours une énergumène, une démoniaque, c'est cette femme. C'est un diable qui parle par sa bouche!

— Imposture! dit lady Lochleven revenant de sa surprise, imposture! et pas autre chose. Qu'on l'emmène dans un cachot!

— Lady Lochleven, dit Marie en se levant de son lit et en s'avançant vers elle avec l'air de dignité qui lui était naturel, avant de faire arrêter personne en ma présence, écoutez-moi un instant. J'ai été injuste envers vous; je vous ai crue complice du projet formé par votre intendant de m'empoisonner, et je vous ai trompée en vous laissant croire qu'il y avait réussi. Je reconnais mon erreur, milady, car je vois que vous désirez sincèrement ma guérison. Apprenez donc que je n'ai pas touché au breuvage que la trahison m'avait préparé, et le besoin de la liberté est le seul mal qui me fasse souffrir.

— Cest un aveu digne de Marie d'Écosse, reprit Magdeleine Græme; sache d'ailleurs, femme orgueilleuse, dit-elle en s'adressant à lady Lochleven, que quand la reine aurait bu ce breuvage jusqu'à la lie, il ne lui aurait pas été plus nuisible que l'eau puisée dans la source la plus pure. Crois-tu que moi, moi, j'aurais mis du poison entre les mains d'un serviteur ou d'un vassal de la maison de Douglas, quand je savais qui était enfermé dans ce château? J'en aurais plutôt donné pour faire périr ma propre fille.

— Serai-je ainsi bravée dans mon propre château! s'écria lady Lochleven : qu'on l'entraîne à l'instant, et qu'elle subisse le châtiment réservé aux empoisonneuses et aux sorcières.

— Un instant, madame, dit la reine: et vous, dit-elle à Magdeleine, gardez le silence, je vous l'ordonne. Votre intendant, milady, est convaincu par son propre aveu d'avoir attenté à ma vie et à celle des personnes de ma suite; et cette femme a fait tout ce qu'il est possible de faire pour nous sauver en lui donnant une poudre qui n'était pas malfaisante, au lieu du poison qu'il lui demandait. Il me semble que je vous propose un échange que vous ne pouvez me refuser justement, quand je vous dis que je pardonne de tout mon cœur à votre vassal, remettant à Dieu et à sa conscience le soin de ma vengeance; et que je vous demande de pardonner de même à cette femme la hardiesse qu'elle a montrée en votre présence. Je suis sûre que vous ne regardez pas comme un crime qu'elle ait substitué une poudre sans vertu à celle qui était destinée à trancher le fil de notre vie.

— A Dieu ne plaise, madame, répondit lady Lochleven, que je regarde comme un crime ce qui a sauvé la maison de Douglas du reproche d'avoir manqué à l'honneur et à l'hospitalité! J'ai écrit à mon fils pour l'informer du forfait médité par notre vassal; c'est à lui à prononcer sur son châtiment, et ce sera très-probablement la mort. Quant à cette femme, elle fait un commerce digne de damnation, suivant les Écritures, punissable de mort d'après les sages lois de nos ancêtres, et il faut qu'elle subisse son destin.

— N'ai-je donc le droit de rien demander à la maison de Lochleven, dit la reine, en réparation de la tentative qui a été faite dans ces murs pour m'arracher la vie? Me refuserez-vous celle d'une pauvre vieille femme dont l'esprit paraît égaré, comme vous pouvez le voir vous-même?

— Si lady Marie a couru quelque risque sous le toit des Douglas, répondit l'inflexible lady Lochleven, elle peut regarder comme une compensation la perte que, par suite de ses complots, cette illustre maison a faite d'un de ses fils.

— Ne plaidez pas plus long-temps pour moi, gracieuse souveraine, dit Magdeleine ; ne vous abaissez pas jusqu'à lui demander qu'elle épargne un seul de mes cheveux blancs. Je connaissais le risque que je courais à servir l'Église et ma reine, et j'ai toujours été prête à leur sacrifier ma vie. Mais j'éprouve une consolation en pensant qu'en me faisant périr, en me privant de ma liberté, en m'arrachant un seul de ces cheveux épargnés par l'âge, la maison de Douglas, cette maison si fière de son honneur, aura comblé la mesure de sa honte et de sa dégradation en violant une promesse solennelle. Et tirant de son sein un papier, elle le présenta à la reine.

— C'est un gage de sûreté, dit la reine, un sauf-conduit bien en règle, délivré par le chambellan de Kinross, et revêtu de son sceau, à Magdeleine Græme, communément nommée la mère Nicneven, en considération de ce qu'elle consent à se rendre au château de Lochleven, et à y passer vingt-quatre heures, si on l'exige.

— Misérable ! dit lady Lochleven en se tournant vers le docteur, comment as-tu osé lui accorder une telle protection ?

— Je n'ai agi, dit Lundin, que d'après vos ordres, qui m'ont été transmis par Randal, ainsi qu'il peut en rendre témoignage. Je n'ai été en cela que l'apothicaire qui fait la potion conformément à l'ordonnance du médecin.

— Je me souviens, je me souviens, répondit la maîtresse du château ; mais je n'entendais lui donner cette assurance que si elle s'était trouvée hors de ma juridiction, dans un endroit où je n'aurais pu la faire arrêter.

— Je crois pourtant, madame, dit la reine, que la promesse de votre chambellan est obligatoire pour vous en pareil cas.

— Madame, répliqua lady Lochleven, jamais la maison de Douglas n'a violé son sauf-conduit; jamais elle ne le violera. Elle n'a que trop souffert d'un pareil abus de confiance, quand un des ancêtres de Votre Grace, Jacques II, au mépris des droits de l'hospitalité et d'une promesse de sûreté écrite de sa propre main, poignarda lui-même le brave comte de Douglas, à deux pas de la table où il venait d'avoir l'honneur de dîner avec le roi d'Écosse.

— Il me semble, dit la reine d'un air indifférent, que, d'après une scène si tragique et si récente, car il n'y a guère que cent vingt ans qu'elle s'est passée, les Douglas devraient se montrer moins empressés d'être dans la compagnie de leurs souverains que vous ne paraissiez l'être pour ce qui est de la mienne.

— Que Randal conduise cette sorcière à Kinross, dit lady Lochleven, et qu'il l'y remette en liberté, en l'avertissant de ne jamais remettre le pied sur nos domaines, sous peine de mort. Vous l'accompagnerez, dit-elle au chambellan; et ne craignez pas que sa compagnie nuise à votre réputation ; car, en supposant qu'elle soit sorcière, ce serait perdre des fagots que de vous brûler comme sorcier.

Le chambellan interdit se préparait à se retirer, et Magdeleine ouvrait la bouche pour répliquer, quand la reine, prenant la parole, lui dit : — Ma bonne mère, nous vous remercions de votre zèle sincère pour notre personne, et nous vous prions, en vertu de l'obéissance que vous nous devez, de vous abstenir de tout ce qui pourrait vous causer quelque danger personnel. Notre volonté est en outre que vous sortiez de ce château sans adresser un seul mot à qui que ce soit. Recevez ce petit reliquaire; il nous a été donné par notre oncle le cardinal, et a reçu la bénédiction du saint père. Maintenant retirez-vous en paix et en silence.

S'avançant alors vers le chambellan, qui la salua d'un air doublement embarrassé, car le respect que lui inspirait la présence de la reine lui faisait craindre d'en faire trop peu, et il redoutait d'encourir la digrace de lady Lochleven en en faisant trop. — Quant à vous, digne docteur, lui dit-elle, comme ce n'est pas votre faute si nous n'avons pas besoin en ce moment de vos avis, quoique ce soit certainement une circonstance heureuse pour nous, il ne nous conviendrait pas de souffrir que notre médecin se retirât sans recevoir une récompense telle que notre situation actuelle nous permet de la lui offrir.

A ces mots, et avec la grace qui ne l'abandonnait jamais, quoiqu'elle fût mêlée en ce moment d'une teinte de persiflage, elle offrit une petite bourse brodée au chambellan, qui, le dos courbé et le bras étendu, se préparait à la recevoir, quand lady Lochleven, s'avançant vers lui, lui dit en fronçant le sourcil : — Jamais serviteur de ma maison ne recevra un salaire de lady Marie sans quitter à l'instant notre service, et sans encourir tout notre déplaisir.

Le corps du pauvre chambellan reprit tristement et lentement la ligne perpendiculaire, au lieu de la courbe qu'il décrivait, et il sortit de l'appartement, suivi de Magdeleine Græme, qui, avant de sortir, baisa le reliquaire que la reine lui avait donné, et, levant les mains au ciel, sembla, par un geste expressif, appeler sur elle la bénédiction divine.

Comme elle s'avançait sur le quai pour gagner l'esquif, Roland, désirant lui dire quelques mots, et voyant qu'elle n'était accompagnée que du chambellan et des deux paysans qui servaient à celui-ci de gardes-du-corps, se jeta sur son passage; mais elle semblait avoir pris à la lettre l'ordre que la reine lui avait donné de garder le silence; car elle ne répondit aux premiers mots que lui adressa son petit-fils qu'en se mettant un doigt sur les lèvres.

Le docteur Lundin ne fut pas si réservé. Le regret de se trouver privé de la récompense qui lui avait été offerte, et le mécontentement de s'être vu forcé de la refuser, l'occupaient entièrement. — Voilà, lui dit-il en lui serrant la main, voilà comme le mérite est récompensé. Je suis venu pour guérir cette malheureuse dame; et je déclare qu'elle mérite bien qu'on prenne cette peine : car, qu'on en dise ce qu'on voudra, elle a des manières très-avenantes, une voix douce, un sourire gracieux, un mouvement de main majestueux. Si elle n'a pas été empoisonnée, M. Roland, est-ce ma faute? N'étais-je pas prêt à la guérir si elle l'eût été? Et l'on m'empêche d'accepter des honoraires si bien gagnés! O Galien! ô Hippocrate! la robe et le bonnet de docteur en sont-ils réduits là? *Frustrà fatigamus remediis ægros* (1).

Il s'essuya les yeux, monta sur l'esquif, ainsi que Magdeleine Græme; et Roland, les ayant vus s'éloigner du rivage, rentra au château.

(1) Nous fatiguons vainement les malades de remèdes. — Tr.

CHAPITRE XXXIII.

« La mort bien loin ! Hélas ! elle est toujours présente,
» Toujours nous poursuivant de sa faux menaçante.
» Compagne du plaisir et de la volupté,
» On la trouve malade, on la trouve en santé,
» Qu'on soit assis, debout, qu'on marche, qu'on s'arrête,
» La mort à nous frapper n'est jamais moins prête. »

DRYDEN. *Le Moine espagnol.*

Après la scène qui venait de se passer dans l'appartement de la reine, lady Lochleven, étant rentrée dans le sien, donna ordre qu'on fît venir devant elle son intendant.

— On ne t'a pas désarmé, Dryfesdale ? dit-elle en le voyant arriver avec son sabre et son poignard, comme de coutume.

— Non, milady, répondit-il. Pourquoi l'aurait-on

fait? Vous ne m'avez pas ordonné de déposer les armes, et je crois qu'aucun de vos gens n'oserait, sans votre ordre ou celui de votre fils, ordonner à Robert Dryfesdale de les lui rendre. Voulez-vous que je vous remette mon épée? Elle ne vaut pas grand'chose à présent; elle a fait tant de besogne pour votre maison, qu'elle n'a pas plus de tranchant que le vieux couteau du panetier.

— Tu as tenté de commettre un double crime : poison et trahison !

— Trahison ! hum ! Je ne sais ce que milady en pense ; mais le monde est convaincu qu'on ne l'a envoyée ici que dans ce dessein. Si les choses s'étaient passées comme je le voulais, sans que vous l'eussiez su, vous ne vous en trouveriez pas plus mal.

— Misérable ! et aussi sot que scélérat ! qui médite un crime et qui n'a pas l'esprit de l'exécuter !

— J'ai fait tout ce qu'homme peut faire. Je me suis adressé à une femme, à une sorcière, à une papiste. Si je n'ai pu me procurer du poison, c'est que cela était écrit là-haut; ce n'est pas ma faute, je n'ai rien à me reprocher. Au surplus, la besogne qui n'a été qu'à moitié faite, peut encore s'achever; vous n'avez qu'à parler.

— Scélérat ! Mais je viens d'écrire à mon fils, et je vais lui dépêcher un messager pour qu'il prononce ta sentence. Ainsi prépare-toi à la mort si tu le veux.

— Celui qui regarde la mort comme une chose qu'il ne peut éviter, et qui doit arriver à une heure fixe et déterminée, y est toujours préparé, milady. Eh bien, qu'en résulte-t-il? Celui qui est pendu pendant l'été ne mange pas de fruits d'automne. Ainsi donc on peut se disposer à entonner le chant funèbre du vieux serviteur. Mais qui allez-vous charger de ce beau message?

— Je me flatte que je ne manquerai pas de messagers.

— Eh! si vraiment, de par mon ame, vous en manquerez. Vous n'avez au château qu'une faible garnison, vu la surveillance qu'exigent vos prisonnières; vous avez renvoyé trois hommes que vous soupçonniez d'être d'accord avec maître George Douglas : il vous faut constamment cinq hommes de garde; les autres n'ont pas même le temps d'ôter leurs habits pour se coucher. Si vous en faites partir encore un, vos sentinelles seront harassées à la mort; elles ne seront plus en état de remplir leur devoir. Prendre de nouveaux hommes d'armes, cela serait dangereux, parce qu'il vous faut des gens sûrs et éprouvés. Je ne vois qu'un seul moyen, c'est de me charger moi-même de votre message pour sir William Douglas.

— Toi! la ressource est bonne! Te serais-tu acquitté de la commission dans vingt ans d'ici?

— Je m'en acquitterais en aussi peu de temps qu'il en faut à un homme et à un cheval pour se rendre à Édimbourg; car, quoique je m'inquiète peu de la fin des jours d'un vieux soldat, néanmoins, je ne serais pas fâché de savoir le plus tôt possible si mon cou est encore à moi, ou s'il appartient au bourreau.

— Fais-tu donc si peu de cas de ta vie?

— Ai-je fait plus de cas de celle des autres? Qu'est-ce que la mort? la cessation de la vie. Et qu'est-ce que la vie? une succession fatigante de jours et de nuits; tour à tour dormir et s'éveiller, avoir faim et manger, avoir froid et chaud. Quand on est mort, on n'a besoin ni de chandelle, ni de pot de bière, ni de feu, ni de lit de plumes; et les quatre planches forment un justaucorps qu'on ne craint pas d'user.

— Malheureux! ne crois-tu donc pas qu'après la mort vient le jugement?

— Vous êtes ma maîtresse, milady, et il ne me convient pas de disputer avec vous. Mais, spirituellement parlant, vous mangez encore des ognons d'Égypte, et vous ne connaissez pas la liberté des saints; car, comme me l'a démontré ce digne homme, Nicolas Schœfferbach, qui fut martyrisé par ordre du sanguinaire évêque de Munster, celui-là ne peut pécher qui ne fait qu'exécuter ce qu'il est prédestiné à faire, puisque....

— Silence! s'écria lady Lochleven : je ne veux pas entendre tes blasphèmes. Ecoute-moi. Tu as été long-temps serviteur de notre maison....

— Je suis né serviteur des Douglas; j'ai passé mes jours à leur service. J'y suis entré en quittant Lockerbie : j'avais alors dix ans, et vous pouvez aujourd'hui y en ajouter soixante.

— Ton infame projet n'ayant pas réussi, tu n'es coupable que d'intention. Tu n'en mériterais pas moins d'être pendu au haut de la tour; mais dans la disposition d'esprit où je te vois, ce ne serait qu'envoyer une ame à Satan. Pars donc, voici ma lettre. Je vais seulement y ajouter une ligne pour prier sir William de m'envoyer un ou deux hommes sûrs pour compléter la garnison. Mon fils fera de toi ce que bon lui semblera. Si tu es prudent, dès que tu auras passé le lac, tu prendras le chemin de Lockerbie, et tu enverras la lettre par un autre messager. Mais surtout veille à ce qu'elle arrive à sa destination.

— Milady, je suis né serviteur des Douglas, comme je

vous le disais tout à l'heure, et ce n'est pas dans mes vieux jours que je jouerai le rôle du corbeau de l'arche. Je ferai votre message à votre fils aussi fidèlement que s'il s'agissait du cou d'un autre, et le mien deviendra ce qu'il est écrit qu'il doit devenir....

Lady Lochleven donna ses ordres pour qu'on préparât une barque, et Dryfesdale se disposa à s'acquitter de cette mission peu ordinaire. Mes lecteurs voudront bien l'accompagner dans ce voyage : la Providence avait déterminé qu'il ne serait pas de longue durée.

En arrrivant à Kinross, l'intendant, quoique sa disgrace eût déjà transpiré, se procura aisément un cheval, grace au chambellan Lundin. Le voiturier Auchtermuchty, étant prêt à partir pour Édimbourg avec son fourgon, se mit en chemin avec lui, les routes ne passant pas pour être très-sûres.

Le digne voiturier, suivant la coutume constante de tous ses confrères depuis les temps les plus reculés jusqu'à nos jours, ne manquait jamais d'excellentes raisons pour s'arrêter en route, aussi souvent, et en quelque endroit que bon lui semblât; mais un endroit où il ne manquait jamais de faire une station, était un cabaret isolé, dans une jolie vallée connue sous le nom de Keirie-Craigs. Les voyageurs aiment encore aujourd'hui à s'arrêter dans ce lieu romantique, mais ce n'est pas pour les raisons qui le rendaient si attrayant pour Auchtermuchty; et personne n'en visite les environs sans regretter de les quitter, et sans éprouver le désir de les revoir.

Toute l'autorité de Dryfesdale, fort diminuée à la vérité par le bruit de sa disgrace, ne put déterminer le voiturier, aussi obstiné que les brutes qu'il conduisait, à passer devant son rendez-vous favori sans y faire une pause. Le vieux Keltie, l'aubergiste, qui a donné son nom à un pont voisin de son ancienne demeure, accueillit Auchtermuchty avec un air de cordialité joyeuse; ils entrèrent ensemble dans la maison, sous prétexte d'une affaire importante, qui, dans la réalité, n'était autre chose que le désir de vider ensemble une pinte ou deux d'usquebaugh.

Tandis que les deux amis s'occupaient ainsi, Dryfesdale, doublement mécontent, entra dans la cuisine du cabaret. Il ne s'y trouvait qu'une seule personne, un étranger comme lui. C'était un jeune homme portant le costume de page, dont le regard et les manières avaient une hauteur aristocratique, une hardiesse allant même jusqu'à l'insolence, qui aurait porté l'intendant à conclure qu'il avait des prétentions à un rang supérieur, s'il n'avait su par expérience que les gens attachés au service des nobles écossais prenaient de semblables airs.

— Je vous donne le bonjour du voyageur, dit le jeune homme d'un ton familier. Vous venez de Lochleven, à ce que je crois? Quelles nouvelles de notre bonne reine? Jamais plus jolie colombe n'a été enfermée dans une plus misérable volière.

— Ceux qui parlent du château de Lochleven et de ceux qu'il renferme dans ses murs, répondit sèchement Dryfesdale, parlent de ce qui concerne les Douglas; et ceux qui parlent de ce qui concerne les Douglas en parlent à leurs risques et périls!

— Parlez-vous ainsi par suite de la crainte qu'ils vous inspirent, vieillard, ou auriez-vous envie de vous faire une querelle pour eux? Il me semble que l'âge devrait vous avoir refroidi le sang.

— Jamais, tant qu'il se trouvera à chaque pas de jeunes fats sans cervelle pour l'échauffer.

— La vue de tes cheveux gris empêche le mien de fermenter, dit le page, qui s'était levé, et qui se rassit sur une chaise.

— Tant mieux pour toi, sans quoi je te l'aurais rafraîchi avec cette baguette de houx. Je crois que tu es un de ces fiers-à-bras qui font blanc de leur épée dans les cabarets et les tavernes, et qui, si les paroles étaient des sabres et les juremens des mousquets, auraient bientôt remis la femme de Moab sur le trône, et rétabli dans le pays la religion de Babylone.

— N'en dis pas davantage, s'écria le jeune homme, car, de par saint Bennet de Seyton, je te frappe au visage, vieux radoteur hérétique!

— Saint Bennet de Seyton! répéta l'intendant : c'est un excellent mot d'ordre pour une troupe de loups comme les Seyton. Mais je vais t'arrêter comme un traître au roi Jacques et au digne Régent. Holà! hé! Auchtermuchty! à l'aide contre un traître au roi!

En parlant ainsi, il mit la main sur le collet du page; et, celui-ci luttant avec force pour se dégager, Dryfesdale tira son épée, et la leva pour l'en frapper; mais le page, tirant son poignard en même temps, lui en porta deux coups, dont le moindre était mortel. L'intendant tomba en poussant un profond gémissement.

Le voiturier et l'hôte étaient arrivés dès le commencement de cette scène : Auchtermuchty, voyant une épée nue, s'enfuit plus vite qu'il n'était arrivé; Keltie, restant à la porte sans oser se mêler de la querelle, se contenta de crier : — Messieurs! messieurs, pour l'amour du ciel! Et quand il vit tomber Dryfesdale, il se mit à pousser de grands cris.

— Paix donc, chien de braillard, dit l'intendant blessé : les coups de poignard et les hommes mourans sont-ils des choses si rares en Écosse, qu'il faille crier comme si ta maison s'écroulait? Jeune homme, je ne te dis pas que je te pardonne; car nous n'avons rien à pardonner. Tu m'as fait ce que j'ai fait à bien d'autres, et je souffre ce que je les ai vus souffrir. Il était écrit que je mourrais ainsi, et tu ne pouvais te dispenser d'exécuter le décret éternel. Mais si tu veux être juste envers moi, tu te chargeras de faire remettre cette lettre par une voie sûre à sir William Douglas, afin qu'on ne m'accuse pas de n'avoir pas osé la porter par crainte pour mon cou, ce qui déshonorerait ma mémoire.

Le jeune homme, dont la colère avait fait place aux regrets et à la compassion, l'écoutait avec attention, quand un homme, enveloppé d'un grand manteau qui le couvrait jusqu'aux yeux, entra dans l'appartement, et s'écria : — Juste ciel! Dryfesdale! Dryfesdale expirant!

— Oui, dit l'intendant, c'est Dryfesdale; et son regret est de n'être pas mort avant d'avoir entendu la voix du seul Douglas qui ait jamais été traître; et après tout cependant je ne suis pas fâché de vous voir. Mon bon assassin, et vous aussi, mon cher hôte, éloignez-vous un peu pour que je puisse parler à ce malheureux apostat. Asseyez-vous par terre, maître George, afin de m'entendre, car mes forces s'en vont. Vous avez sans doute appris que je n'ai pas réussi dans la tentative de faire disparaître la pierre d'achoppement moabite et les gens de sa suite. Je croyais que la potion que je leur avais préparée écarterait de vous toute tentation; car, quoique j'aie donné d'autres raisons à votre mère, mon principal motif était mon amitié pour vous.

— Ton amitié pour moi, vil empoisonneur! Aurais-tu bien osé commettre un meurtre si abominable, et prononcer mon nom pour le justifier?

— Et pourquoi non, George Douglas? A peine puis-je respirer maintenant; mais j'emploierai tout ce qui me reste de forces pour vous prouver que je n'avais pas tort. Ne vous étiez-vous pas laissé tellement entraîner par les charmes de cette belle magicienne, qu'en dépit de ce que vous deviez à vos parens, à votre religion et à votre roi, vous vouliez l'aider à s'échapper du château, à remonter sur le trône, et à rentrer dans Holyrood, dont elle avait fait un lieu d'abomination? Écoutez-moi avec patience; je n'ai plus long-temps à vous parler. Quel était votre projet? D'épouser votre moabite? On a gagné plus d'une fois son cœur et sa main à moindre prix que celui que vous étiez disposé à en donner. Mais était-il possible qu'un serviteur fidèle de la maison de votre père vous laissât aspirer à la fortune de l'idiot Darnley et du scélérat Bothwell, quand une once de mort-aux-rats pouvait vous sauver?

— Pense à Dieu, Dryfesdale, et cesse de tenir de si horribles propos. Repens-toi, si tu peux; sinon, garde le silence. Seyton, aidez-moi à soutenir ce malheureux, afin qu'il puisse se calmer, et s'occuper de meilleures pensées.

— Seyton! répéta le mourant; Seyton! Est-ce donc par la main d'un Seyton que je péris! Eh bien, il y a en cela quelque justice, puisque cette maison a manqué de perdre une fille par mon fait. Fixant alors sur le page ses yeux qui s'éteignaient : — Il a vraiment tous ses traits, ajouta-t-il; baisse-toi, jeune homme, je voudrais te voir de plus près, afin de pouvoir te reconnaître quand nous nous rencontrerons dans l'autre monde; car les homicides y seront logés ensemble, et nous avons tous deux été homicides. Tu as commencé bien jeune ta carrière; elle n'en sera que plus courte; oui, elle finira bientôt. Une jeune plante ne peut réussir quand elle est arrosée du sang d'un vieillard. Cependant je ne te blâme point, je ne te reproche rien. C'est un destin bien singulier! dit-il en se parlant à lui-même d'une voix qui s'affaiblissait de plus en plus ; je n'ai pu exécuter ce que je voulais faire, et il a fait ce qu'il n'avait peut-être pas intention d'exécuter. Il est étonnant que notre volonté s'oppose sans cesse au cours insurmontable de la destinée ; que nous voulions toujours lutter contre le courant qui doit nous entraîner malgré tous nos efforts. Mon esprit n'est plus en état de suivre le fil de cette idée. Je voudrais que Schœfferbach fût ici. Mais à quoi bon? Le voyage que je fais peut se terminer sans pilote. George Douglas, adieu, je meurs... fidèle à la maison de ton père.

Des convulsions s'emparèrent de lui, et au bout de quelques instants il expira. Seyton fut le premier à rompre le silence.

— Sur mon honneur, Douglas, je suis fâché de cet événement : mais il a porté la main sur moi, et il m'a menacé de son épée; je n'ai tiré mon poignard contre lui que pour me défendre. Quand il serait dix fois votre serviteur, votre ami, tout ce que je puis dire, c'est que j'en suis fâché.

— Je regrette que cet accident soit arrivé, Seyton;

mais je ne vous blâme point. Il existe réellement une destinée pour les hommes, quoique ce ne soit pas dans le sens qu'attachait à ce mot ce malheureux, qui, s'étant laissé abuser par quelque mystique étranger, s'en servait comme d'une apologie toute prête pour tout ce qu'il lui plaisait de faire. Mais il faut que nous examinions cette lettre.

Ils se retirèrent dans une autre chambre, et y restèrent quelque temps en consultation. Keltie ne tarda pourtant pas à venir les y trouver, et, d'un air d'embarras, demanda à George Douglas ce qu'il devait faire du corps du défunt. — Votre Honneur sait, dit-il, que ce sont les vivans qui me font vivre, et non les morts. Le vieux Dryfesdale était une assez mauvaise pratique pendant sa vie, et maintenant qu'il est défunt il occupe une place qui pourrait être mieux employée, car il ne me demandera ni bière ni usquebaugh.

— Attache-lui une pierre au cou, dit Seyton, et va le jeter dans le lac de Gleish dès que la nuit sera tombée : je te réponds qu'il ne reviendra pas sur l'eau.

— Non, non, dit George, je n'y puis consentir; Keltie, tu m'as montré de la fidélité et de l'attachement, et tu ne t'en repentiras point. Envoie le corps de ce malheureux à l'église de Ballingry, et fais sur sa mort tel conte que tu voudras ; dis qu'il a été tué dans une querelle avec des inconnus. Auchtermuchty n'en sait pas davantage, et nous ne vivons pas dans un temps assez tranquille pour qu'on fasse de grandes recherches sur de pareils accidens.

— Qu'il dise la vérité, s'écria Seyton, pourvu qu'elle ne nuise pas à nos projets. Dis qu'il a insulté un Seyton, mon camarade, et qu'un Seyton l'en a puni.

Je ne m'inquiète guère qu'il en résulte une querelle.

— Une querelle avec les Douglas, dit George d'un ton grave, peut cependant donner quelque inquiétude.

— Non, reprit Seyton, quand on a pour soi le meilleur de tous ceux qui portent ce nom.

— Hélas! Henry, si c'est de moi que vous parlez, je ne suis dans cette entreprise que la moitié d'un Douglas. Je n'y puis apporter que la moitié de mon cœur, de ma tête et de mon bras. Mais je penserai à un être qui ne peut jamais être oublié, et qui a sur moi plus de pouvoir, plus de droits que tous mes ancêtres. Oui, Keltie, tu peux dire que Henry Seyton est auteur de cette mort; mais tu sais qu'il n'a tué Dryfesdale que pour sa défense personnelle. Sur toutes choses, ne parle pas de moi. Qu'Auchtermuchty porte ce paquet à mon père, à Édimbourg; et il lui remit la lettre qu'il avait recachetée de son propre sceau. Maintenant, voici pour payer les frais de sépulture, et pour t'indemniser de la place que le défunt occupe chez toi.

— Et de l'embarras de laver le plancher, dit Keltie; ce qui ne sera pas une petite affaire; car on dit que quand on a répandu le sang, il en reste toujours quelques traces. Et il se retira.

— Quant à votre plan, dit Douglas à Seyton en continuant la conversation qui les occupait quand l'hôte les avait interrompus, il me paraît fort bon; mais, sans parler d'autres raisons, vous êtes trop jeune, et vous avez la tête trop ardente pour jouer le rôle que vous vous proposez.

— Nous consulterons sur cela le père abbé. Allez-vous à Kinross ce soir?

— Oui, la nuit sera obscure, et convient à celui qui

ne veut pas être reconnu. Mais il faut que je dise à Keltie de faire placer sur le tombeau de ce malheureux une pierre annonçant son nom et son seul mérite, qui fut d'être serviteur fidèle des Douglas.

— Quelle était sa religion? je l'ai entendu prononcer quelques mots qui me font craindre d'avoir envoyé trop tôt un sujet à Satan.

— Je ne sais trop comment répondre à cette question. Il était connu pour n'aimer ni Rome ni Genève. Il parlait des lumières qui l'avaient éclairé parmi les sectaires de la basse Allemagne. Mauvaise doctrine, si nous en jugeons par ses fruits! Mais que le ciel nous préserve d'avoir la présomption de juger de ses voies et de sa miséricorde!

— Amen, répondit Seyton; et de faire ce soir aucune mauvaise rencontre.

— Je ne suis pas accoutumé à vous entendre prier ainsi, Seyton.

— Non. Je vous laisse ce soin pour vous guérir de vos scrupules quand il s'agira de combattre les vassaux de votre père. Mais je voudrais bien avoir purifié mes mains du sang de ce vieillard avant d'être obligé d'en répandre d'autre. Je m'en confesserai ce soir au père abbé, qui ne m'imposera pas sans doute une pénitence bien sévère pour avoir délivré la terre d'un pareil mécréant. Tout ce qui me chagrine, c'est qu'il n'ait pas eu une ou deux vingtaines d'années de moins. Au surplus, il a mis les armes à la main le premier; c'est une consolation.

CHAPITRE XXXIV.

> « Oui, Pedro, fais jouer tes plus subtils ressorts,
> » Creuse-toi bien l'esprit; crois-tu que je te craigne?
> » Peut-être tu pourras endormir la duègne,
> » Séduire la soubrette et gagner le valet ;
> » Mais il est un dragon qui te garde ton fait;
> » Et ce dragon, c'est moi. Je suis incorruptible;
> » Et vouloir me tromper, c'est la chose impossible. »
>
> Dryden. *Le Moine espagnol.*

Il faut nous reporter maintenant au château de Lochleven, et reprendre la série des événemens de ce jour mémorable qui fut témoin de la mort de Dryfesdale. Il était plus de midi; c'était l'heure ordinaire du dîner, et rien n'annonçait qu'on songeât à servir celui de la reine. Marie était dans sa chambre à coucher, occupée à écrire. Les trois personnes qui composaient toute sa suite attendaient avec d'autant plus d'impatience l'arrivée du repas dans le salon, qu'elles n'avaient pas déjeuné, comme on peut se le rappeler.

— Je crois, en conscience, dit le page, que le projet d'empoisonnement ayant manqué, parce qu'on s'est trompé d'adresse pour se procurer la poudre d'oubli, on veut maintenant essayer ce que pourra faire la famine.

Lady Fleming fut un peu alarmée de cette observation; mais elle se rassura bientôt en se rappelant qu'elle avait vu toute la matinée sortir de la fumée de la cheminée de la cuisine; ce qui contredisait cette supposition.

Catherine, qui était à une fenêtre, s'écria tout à coup: — Les voilà! les voilà! Les domestiques, portant le dîner, traversent la cour, précédés par la vieille lady Lochleven en personne, avec le plus haut et le plus raide de tous ses collets montés, ses grandes manchettes de dentelle de Flandre, ses manches de soie de Chypre, et son énorme *farthingale* de velours cramoisi.

— Sur ma foi, dit Roland, je crois que c'est la même *farthingale* qu'elle portait lorsqu'elle captiva le cœur du roi Jacques; ce qui valut un si bon frère à notre pauvre maîtresse.

— Non, M. Roland, dit gravement lady Fleming, qui se piquait d'être un répertoire vivant de tous les changemens de modes, cela n'est pas possible; car les *farthingales* ne parurent pour la première fois que lorsque la reine régente alla à Saint-André, après la bataille de Pinkie, et on les nommait alors des *vertugadins*.

Elle n'aurait pas terminé si tôt cette importante discussion si elle n'eût été interrompue par l'arrivée de lady Lochleven, qui, ayant fait placer les plats sur la table, exécuta elle-même la cérémonie de les goûter. Lady Fleming, prenant le ton d'un courtisan, regretta que lady Lochleven se fût chargée d'une fonction si pénible.

—Après l'étrange incident arrivé ce matin, madame, répondit la maîtresse du château, il est nécessaire pour mon honneur et pour celui de mon fils, que je goûte tout ce qui sera offert dorénavant à lady Marie. Veuillez l'informer que j'attends ses ordres.

— Sa Majesté, dit lady Fleming en appuyant sur ce mot, va être informée qu'elle est attendue par lady Lochleven.

La reine arriva sur-le-champ, et parla à son hôtesse avec civilité, d'un ton qui approchait même de la cordialité.—C'est agir noblement, milady, lui dit-elle ; car, quoique nous n'appréhendions nous-même aucun danger sous votre toit, nos dames ont été fort alarmées par l'événement de ce matin : mais votre présence les rassurera, et réveillera leur gaieté. Voulez-vous vous asseoir ?

Lady Lochleven s'assit, et Roland remplit les fonctions d'écuyer tranchant. Mais, malgré ce qu'avait dit la reine, le dîner fut triste et silencieux, et tous ses efforts pour animer la conversation furent repoussés par les réponses froides et laconiques de son hôtesse. Enfin il devint évident que la reine, qui avait regardé ses avances comme une condescendance, et qui tirait quelque vanité de tous ses moyens de plaire, se trouvait offensée de la conduite de lady Lochleven. Elle jeta un regard expressif sur lady Fleming et miss Seyton, leva les épaules, et ne dit plus rien. Après quelques minutes de silence, la maîtresse du château fut la première à le rompre.

— Je m'aperçois, dit-elle, que ma présence gêne, qu'elle met obstacle à la gaieté de la compagnie. Je prie

Votre Grace de m'excuser; je suis une pauvre veuve, chargée d'une mission dangereuse, abandonnée par mon petit-fils, trahie par mon serviteur de confiance; je suis peu digne de la faveur que vous m'accordez en me faisant asseoir à votre table, où je sais que l'esprit et l'enjouement sont un tribut qu'on attend de chaque convive.

— Si lady Lochleven parle sérieusement, dit la reine, je ne sais ce qui peut la faire penser que nos repas actuels soient assaisonnés de gaieté. Si elle est veuve, elle jouit de tous ses honneurs et de sa liberté, et commande dans la maison de son défunt mari. Mais je connais dans le monde au moins une veuve devant qui les mots abandon et trahison ne devraient jamais se prononcer, puisque personne n'a fait une expérience plus amère de ce qu'ils représentent.

—En parlant de mes malheurs, mon intention n'était pas de vous rappeler les vôtres, dit lady Lochleven:— un profond silence succéda de nouveau à cette courte conversation.

La reine adressa enfin la parole à lady Fleming: — *Ma bonne,* lui dit-elle, nous ne pouvons commettre de péchés mortels dans un lieu où nous sommes si bien gardées et surveillées; mais, si nous en commettions, je crois que ce silence rigide serait une sorte de pénitence. Si vous avez quelquefois mal arrangé mes cheveux, Fleming, si Catherine a manqué un point dans sa tapisserie, si Roland a cassé quelque carreau de vitre à la fenêtre de la tour, comme cela lui est arrivé la semaine dernière, c'est le moment de penser à ces péchés et de vous en repentir.

— Pardonnez ma hardiesse, madame, dit lady Lochleven; mais je suis vieille, et je réclame les privilèges de mon âge. Il me semble que les personnes de votre suite pourraient trouver des sujets de repentir plus sérieux que les bagatelles dont vous parlez; pardon encore une fois, madame; mais il semblerait que vous riez du péché et du repentir.

— Vous avez rempli les fonctions de dégustateur, lady Lochleven; je crois que vous voudriez remplir aussi celles de père confesseur. Mais, puisque vous désirez que notre conversation soit sérieuse, je vous demanderai pourquoi la promesse que m'avait faite à cet égard le Régent, puisque tel est le titre que prend votre fils, n'a jamais été exécutée? Elle a été renouvelée plusieurs fois, cependant. Il me semble que ceux qui prétendent eux-mêmes à tant de gravité et de sainteté ne devraient pas priver les autres des secours religieux que leur conscience réclame.

— Il est vrai, madame, que le comte de Murray a été assez faible pour céder sur ce point à vos malheureux préjugés. Un prêtre papiste s'est présenté de sa part dans notre bourg de Kinross. Mais sir William Douglas est maître dans son château, et il ne permettra jamais que l'enceinte en soit souillée, ne fût-ce que pour un instant, par la présence d'un émissaire de l'évêque de Rome.

— Il me semble donc que milord Régent devrait m'envoyer dans quelque endroit où il y eût moins de scrupules et plus de charité.

— Vous vous méprenez, madame, sur la nature de la charité et de la religion. La charité donne aux malades qui sont dans le délire les médicamens qu'elle sait devoir leur être salutaires; mais elle leur refuse les choses qui, en flattant leur palais, peuvent augmenter leur maladie.

— Votre charité, lady Lochleven, n'est que de la cruauté sous un déguisement hypocrite. Je suis opprimée chez vous, comme si vous aviez résolu la perte de mon ame et l'anéantissement de mon corps. Mais le ciel ne souffrira pas toujours une telle iniquité; et ceux qui en sont les agens les plus actifs peuvent s'attendre à en être récompensés avant qu'il soit long-temps.

En ce moment Randal entra dans l'appartement d'un air si troublé, que lady Fleming poussa un cri de surprise; la reine tressaillit, et lady Lochleven, quoique trop fière pour montrer aucun signe d'alarme, lui demanda à la hâte ce qu'il avait à lui annoncer.

— Dryfesdale est mort, milady, lui dit-il; il a été assassiné à quelques milles d'ici par le jeune Maître Henry Seyton.

Ce fut alors Catherine qui tressaillit et pâlit à son tour.

— Et le meurtrier du vassal de Douglas vit-il encore? demanda lady Lochleven.

— Il n'y avait d'autres témoins que le vieux Keltie et le voiturier Auchtermuchty, et ce n'étaient pas de pareils hommes qui étaient en état de venir à bout d'un des jeunes fous les plus lestes et les plus fringans d'Écosse, qui avait sûrement à peu de distance des amis et des partisans.

— Et Dryfesdale est-il mort?

— Mort et bien mort, répondit Randal. Un Seyton manque rarement son coup. Mais le corps n'a pas été dépouillé, et votre lettre sera portée à Édimbourg par Auchtermuchty, qui partira de Keirie-Craigs demain matin. Il serait impossible qu'il partît plus tôt. Il a bu deux pintes d'usquebaugh pour se remettre de sa frayeur, et il est en ce moment endormi sur la litière de ses chevaux.

Il régna un moment de silence. La reine et lady Lochleven se regardaient l'une l'autre, comme si chacun eût cherché le moyen de tirer avantage de cet incident pour la question de controverse qui les divisait. Catherine tenait son mouchoir sur ses yeux et pleurait.

— Vous voyez, madame, dit lady Lochleven à la reine, comment agissent vos papistes sanguinaires.

— Voyez plutôt, répliqua Marie, le juste jugement du ciel contre un empoisonneur calviniste.

— Dryfesdale n'était pas de l'Église de Genève, s'écria vivement lady Lochleven.

— N'importe, madame, il était hérétique; et il n'existe qu'un chemin conduisant à la vérité; tous les autres aboutissent à l'erreur.

— Fort bien, madame. Au surplus je me flatte que cet événement vous réconciliera avec votre retraite, en vous faisant connaître les gens qui voudraient vous voir en liberté. Ce sont tous des monstres de cruauté, des buveurs de sang, depuis les Clan-Ranald et les Clan-Tosach du nord jusqu'aux Ferniherst et Buccleuch du sud, depuis les assassins Seyton de l'est...

— Vous oubliez, madame, que je suis une Seyton, dit Catherine en retirant son mouchoir de son visage rouge d'indignation.

— Si je l'oubliais, ma mie, votre arrogance me le rappellerait.

— Si mon frère a tué le scélérat qui a voulu empoisonner sa sœur et sa souveraine, mon seul regret c'est qu'il ait rempli une tâche qui devait appartenir au bourreau. Au reste, quand ce serait le plus brave des Douglas, ce serait un honneur pour lui d'avoir péri par l'épée d'un Seyton.

— Adieu, ma mie, dit lady Lochleven en se levant pour sortir; ce sont les jeunes filles comme vous qui rendent les jeunes gens dissipés et querelleurs. Il faut des hauts faits de cette espèce pour gagner les bonnes graces d'une péronnelle qui regarde la vie comme une courante française. Adieu, madame, dit-elle à la reine; quelque peu agréable que vous soit ma présence, je vous reverrai à l'heure du couvre-feu pour faire servir votre souper. Suis-moi, Randal, et raconte-moi en détail cet événement tragique.

— C'est un événement bien extraordinaire, dit la reine après le départ de lady Lochleven; mais, tout scélérat qu'il était, je voudrais qu'on lui eût laissé le temps de se repentir. Nous tâcherons de faire dire quelques prières pour le repos de son ame, si jamais nous obtenons notre liberté, et si l'Église veut accorder cette grace à un hérétique. Mais, dis-moi, *ma mignonne*, ce frère qui est si *fringant*, comme le disait ce drôle, te ressemble-t-il toujours autant qu'autrefois.

— Si Votre Majesté parle du caractère, elle doit savoir si je suis aussi *fringante* que le serviteur de lady Lochleven représentait mon frère.

— Mais en bonne conscience tu l'es suffisamment, et tu n'en es pas moins ma favorite. Mais ce que je te demande, c'est si ce frère jumeau te ressemble toujours autant par les traits de la figure. Je me souviens que ta mère alléguait cette ressemblance comme une raison pour te destiner au cloître. Elle disait que, si vous étiez tous deux dans le monde, on te ferait honneur de quelques-unes des frasques de ton frère.

— Je crois, madame, que même aujourd'hui il existe encore des gens assez simples pour ne pouvoir distinguer l'un de l'autre, surtout quand mon frère, par espiéglerie, prend des habits de femme. En parlant ainsi, elle lança un coup d'œil rapide sur Roland Græme, à qui cette conversation donnait le mot de l'énigme qui le tourmentait depuis si long-temps, et à qui ce rayon de lumière faisait autant de plaisir que celui qui frappe les yeux du prisonnier quand on ouvre la porte de son cachot pour le remettre en liberté.

— Ce doit être un beau cavalier, s'il te ressemble ainsi, mignonne. Je ne puis en juger, car il était en France les années dernières, et je ne l'ai pas vu à Holyrood.

— Je ne puis rien dire de sa figure, madame; mais je voudrais qu'il fût moins doué de cet esprit ardent et impétueux que le malheur des temps a donné à presque tous nos jeunes nobles. Dieu sait que je ne désire pas qu'il épargne sa vie quand il s'agit du service de Votre Majesté, et je ne l'en aime que davantage pour le zèle qu'il apporte à votre délivrance. Mais à quoi bon se faire des querelles avec le premier venu? Pourquoi souiller son nom et ses mains en répandant le sang ignoble d'un vassal, d'un vieux scélérat qui devait finir ses jours sur un gibet?

— Patience, Catherine, je ne veux pas que tu accuses ainsi mon jeune défenseur sans bien connaître les faits. Il a peut-être été obligé de se défendre. Avec Henry pour mon brave chevalier, et Roland pour mon écuyer fidèle, il me semble que je suis une princesse de roman qui pourra bientôt braver les donjons des tyrans et les baguettes des magiciens. Mais j'ai la tête fatiguée par l'agitation que j'ai éprouvée aujourd'hui. Prends *la Mer des histoires*, et continue la lecture où nous en sommes restées la dernière fois... Que la sainte Vierge te guérisse la tête, ou peut-être plutôt le cœur ! je te demande *la Mer des histoires*, et tu m'apportes *la Chronique d'Amour*.

Une fois embarquée sur la Mer des histoires, la reine prit sa tapisserie, et fit mouvoir son aiguillon pendant une heure entière, tandis que Catherine et lady Fleming lisaient tour à tour.

Quant à Roland, il est probable qu'il lut mentalement dans la Chronique d'Amour, malgré le peu de faveur que ce livre avait trouvé près de la reine. Il se rappelait maintenant mille indices dans la voix et les manières, qui, si sa prévention eût été moins forte, auraient dû le mettre en état de distinguer le frère de la sœur. Il rougissait de sa méprise. Malgré la vivacité naturelle de miss Seyton, il n'aurait jamais dû lui supposer ce ton de hardiesse et d'assurance si remarquable dans son frère. Il chercha plusieurs fois à saisir un regard de Catherine, afin de pouvoir juger de ses dispositions à son égard depuis qu'il avait fait cette découverte ; mais il n'y put réussir, car Catherine, quand elle ne lisait pas elle-même, semblait prendre tant d'intérêt aux exploits des chevaliers de l'ordre Teutonique contre les païens d'Esthonie et de Livonie, qu'elle ne tourna pas les yeux de son côté un seul instant. Mais quand la reine, ayant fait fermer le livre, leur eut donné ordre de la suivre au jardin, Marie lui fournit une occasion favorable d'entretenir Catherine, et peut-être le fit-elle à dessein, car l'agitation de Roland ne pouvait échapper à une si bonne observatrice. Prenant l'avance avec lady Fleming, elle ordonna à miss Seyton de se tenir à quelque distance, comme si elle avait eu à s'entretenir d'affaires très-importantes ; et cependant nous avons appris de bonne part que leur conversation roula sur la question de savoir si le collet monté empesé était préférable à la fraise retombant sur les épaules, question que lady Fleming était en état de discuter. Il aurait fallu que Roland eût été plus gauche et plus maladroit que jeune amant ne le fut jamais s'il n'eût profité de cette occasion.

— Depuis deux grandes heures, belle Catherine, dit-il, je meurs d'envie de vous demander si vous ne m'avez pas cru bien sot, bien stupide, en voyant que je n'avais pas été en état de vous distinguer de votre frère ?

— C'est une méprise qui me fait peu d'honneur, puisque vous avez pris si facilement pour moi un jeune étourdi ; mais avec le temps je deviendrai plus sage, et, pour y parvenir plus sûrement, j'ai résolu de me corriger de mes folies au lieu de m'occuper des vôtres.

— Ce sera le sujet de méditations le plus facile des deux.

— Je ne sais trop. Nous avons tous deux plus d'une folie à nous reprocher.

— J'ai été fou, fou à un point impardonnable ; mais vous, aimable Catherine...

— Et moi, dit Catherine avec un ton de gravité qui ne lui était pas ordinaire, j'ai, par exemple, trop long-temps souffert que vous m'adressiez de semblables expressions. Je ne puis vous les permettre plus long-temps ;

et, si cela vous fait peine, c'est un reproche que je me fais.

— Et qu'est-il donc arrivé pour changer si subitement nos relations l'un vers l'autre, pour vous obliger à me traiter avec tant de cruauté?

— Je ne sais trop que vous dire, si ce n'est que les événemens de ce jour m'ont fait sentir la nécessité de mettre à l'avenir plus de distance entre nous. Une chance semblable à celle qui vous a appris l'existence de mon frère peut lui faire connaître la familiarité avec laquelle vous me parlez; et, juste ciel! son caractère, sa conduite, ce qu'il a fait aujourd'hui, tout me fait frémir sur les conséquences qui pourraient en résulter.

— N'ayez nulle crainte à cet égard, belle Catherine, je suis en état de me défendre contre des dangers de cette nature.

— C'est-à-dire, s'écria vivement Catherine, que vous vous battrez contre le frère pour donner à la sœur une preuve de votre affection? J'ai entendu la reine, dans ses heures de mélancolie, dire que les hommes, quand ils aiment ou quand ils haïssent, sont les êtres les plus égoïstes de toute la création; et l'indifférence que vous montrez pour mes craintes prouve qu'elle avait raison. Mais ne vous désolez pas, vous n'êtes pas pire que les autres.

— Vous êtes injuste à mon égard, Catherine. Mon imagination ne se représentait qu'une épée qui me menaçait, sans faire attention à la main dans laquelle vous l'aviez placée. Si votre frère, porteur de tous vos traits, était devant moi, les armes à la main, il pourrait m'arracher cent fois la vie avant que je songeasse à attaquer la sienne.

— Hélas! dit-elle en soupirant, il ne s'agit pas seulement de mon frère. Vous ne vous rappelez que les circonstances singulières qui ont établi entre nous des rapports d'égalité et d'intimité. Vous ne faites pas attention que, lorsque je serai rentrée chez mon père, vous verrez s'ouvrir entre nous un gouffre que vous ne pourriez franchir qu'au péril de votre vie. La seule parente que vous ayez est une femme d'un caractère bizarre et singulier; elle appartient à un clan qui a été détruit, et qui est ennemi des nôtres : le reste de votre famille est inconnu..... Pardonnez-moi si ces vérités sont dures; mais il était indispensable de vous les dire, et elles sont incontestables.

— L'amour, charmante Catherine, s'inquiète peu des généalogies.

— Cela est possible; mais lord Seyton s'en inquiète beaucoup.

— La reine, votre maîtresse et la mienne, intercédera pour moi..... O Catherine, ne me repoussez pas loin de vous à l'instant où je me croyais au comble du bonheur. Mais, si je contribue à sa délivrance, ne m'avez-vous pas dit que vous et elle vous seriez mes débitrices?

— Dites toute l'Écosse! s'écria Catherine avec vivacité. Mais, quant à ma reconnaissance personnelle, vous devez vous rappeler que je suis soumise au pouvoir d'un père; et pendant long-temps la pauvre reine sera dans la dépendance de ses nobles, bien loin de pouvoir leur imposer des lois.

— N'importe, mes actions forceront les préjugés même à se taire. Nous vivons dans un temps où l'on peut devoir son élévation à soi-même; et pourquoi ne m'élerais-je pas comme un autre? Le chevalier d'Avenel, quel que soit son rang aujourd'hui, ne peut se vanter d'une origine plus brillante que la mienne.

—C'est ainsi que parle, dans les romans, un chevalier errant qui s'ouvre un chemin vers sa princesse, en pourfendant des géans, en mettant à mort des dragons vomissant des flammes.

— Mais si je puis délivrer ma princesse et la rendre libre de son choix, sur qui, chère Catherine, sur qui ce choix se fixera-t-il?

— Commencez d'abord par la délivrer, et ensuite elle vous répondra.

Et, à ces mots, rompant tout à coup la conversation, elle courut rejoindre la reine, qui, la voyant arriver si subitement, s'écria : — Point de mauvaises nouvelles, j'espère ; point de dissensions dans ma petite cour..... Non, non, ajouta-t-elle en voyant la rougeur de Catherine et l'œil brillant de Roland ; je vois que tout va bien.

— *Ma petite mignonne*, montez à mon appartement, et descendez-moi..... attendez..... oui, descendez-moi mon sachet odorant.

Après avoir ainsi donné à Catherine le seul moyen possible de cacher sa confusion, la reine ajouta : — Je puis au moins compter sur la reconnaissance de deux sujets fidèles : Roland, est-il une souveraine, excepté Marie, qui eût autant de plaisir à protéger vos sincères amours ? — Vous portez la main sur votre épée ! — Bien ; avant peu, votre fidélité sera mise à l'épreuve.— Mais j'entends sonner le couvre-feu à Kinross; retournons dans notre appartement, car c'est l'heure à laquelle notre aimable hôtesse nous a promis de nous honorer de sa présence pour notre repas du soir. Sa vue me ferait perdre l'esprit, si je ne conservais toujours quelque espoir de délivrance. Mais il faut être patiente.

— S'il m'était possible, dit Catherine, d'être Henry pour un instant, et d'avoir tous les privilèges d'un homme, avec quel plaisir je jetterais mon assiette à la figure de cette vieille, qui n'est qu'un composé d'orgueil, d'affectation et de méchanceté !

La reine rit de cette explosion d'impatience de sa jeune compagne, tandis que lady Fleming faisait à Catherine une grave réprimande sur sa légèreté. A peine étaient-elles remontées, que le souper arriva, précédé de la maîtresse du château. La reine, qui avait pris la résolution d'être prudente, endura sa présence avec courage; mais sa patience se trouva épuisée en voyant remplir une nouvelle formalité qui n'avait pas fait partie jusqu'alors du cérémonial usité à Lochleven : vers la fin du souper, Randal entra portant les clefs du château passées dans une chaîne, et les remit respectueusement à sa maîtresse en lui disant que toutes les portes étaient fermées, et qu'il venait de placer les sentinelles.

La reine et ses deux dames se jetèrent à la dérobée un coup d'œil qui annonçait le mécontentement et le dépit; et Marie dit tout haut : — Nous ne pouvons regretter que notre cour soit si peu nombreuse, quand nous voyons notre bonne hôtesse se charger d'y remplir elle seule tant de fonctions différentes. Outre celles de grand aumônier et d'intendant de notre maison, voilà qu'elle fait ce soir le devoir de capitaine des gardes.

— Et elle continuera à le faire à l'avenir, madame,

dit lady Lochleven; l'histoire d'Écosse peut apprendre que des fonctions exercées par substitut sont toujours mal remplies. On n'a pas oublié le favori Olivier Sinclair, et d'autres d'une date plus récente.

— Non, sans doute, madame, dit Marie; mais mon père avait des favorites aussi bien que des favoris. On se souvient encore de lady Sandilands, de lady Olifaunt et de quelques autres dont le nom n'a pu sans doute se conserver dans la mémoire d'une dame aussi grave que vous.

Si les yeux de lady Lochleven eussent pu lancer le tonnerre, la reine eût été foudroyée en ce moment; mais elle maîtrisa sa colère, et se retira sur-le-champ en emportant son énorme trousseau de clefs.

— Il faut remercier Dieu, dit la reine, de la faute que cette femme a commise dans sa jeunesse. Si elle n'avait pas ce côté faible, elle serait invulnérable, et rien de ce que je lui dirais ne viendrait à bout de l'émouvoir..... Mais voici une nouvelle difficulté qui se présente : il paraît qu'elle va se charger de la garde des clefs : comment nous les procurer maintenant ?.... C'est un dragon qu'on ne peut ni endormir ni gagner.

— Votre Majesté me permettra-t-elle de lui faire une question ? demanda Roland. Si vous étiez une fois hors des murs du château, auriez-vous des moyens pour traverser le lac, et seriez-vous en sûreté sur l'autre rive ?

— Fiez-vous à nous pour cela, Roland, répondit Marie. Sur ces deux points, notre plan est passablement organisé.

— Alors, si Votre Majesté me permet de lui faire

part d'un projet, je viens d'en former un qui me paraît pouvoir réussir.

— Parlez, mon fidèle écuyer, parlez sans crainte ; et dans tous les cas, je vous saurai gré de la bonne volonté.

— Mon premier protecteur, le chevalier d'Avenel, voulait que tous les jeunes gens de sa maison apprissent à manier la hache et le rabot, le marteau et la lime, et qu'ils sussent travailler le bois et le fer. Il nous citait les anciens champions du Nord, qui forgeaient eux-mêmes leurs armes ; il nous parlait du capitaine montagnard Donald Nan Ord, ou Donald-l'Enclume, qu'il avait connu lui-même, et qui battait le fer en tenant un marteau à chaque main. Quelques-uns disaient que le chevalier d'Avenel n'encourageait ces arts que parce qu'il était de sang roturier ; mais, quoi qu'il en en soit, je m'y rendis assez habile, et miss Catherine Seyton peut en rendre témoignage en partie, puisque, depuis que je suis ici, je lui ai fait une épingle d'argent.

— Oui, dit Catherine, elle était si bien travaillée, si solide, qu'elle s'est cassée le lendemain, et je ne sais où j'en ai jeté les morceaux.

— Ne la croyez pas, Roland, dit Marie ; je l'ai vue pleurer quand elle l'a cassée, et elle en a ramassé précieusement les fragmens. Mais votre projet, Roland, votre projet ? Est-ce que vous pourriez forger des clefs qui ouvriraient les portes du château ?

— Non, madame, parce qu'il m'en faudrait des modèles ; mais je puis en faire qui ressemblent assez à celles que cette méchante femme vient d'apporter, pour qu'elle ne s'aperçoive pas de la substitution si l'on peut venir à bout de l'opérer.

— Et la bonne dame, grace au ciel, n'a pas d'excellens yeux. Mais il vous faut des outils, mon enfant, une forge, et les moyens de travailler sans être observé.

— J'ai déjà travaillé plus d'une fois à la forge du château avec l'armurier, dans le souterrain de la tour. Il vient d'être renvoyé comme suspect d'être trop attaché à Douglas. On est accoutumé à m'y voir travailler le matin, et je trouverai facilement quelque prétexte pour mettre en œuvre le soufflet et l'enclume.

— Ce projet promet assez, dit la reine; occupez-vous-en sans délai, Roland, et surtout prenez bien garde qu'on découvre quel est l'ouvrage dont vous vous occupez.

— Je prendrai la liberté de fermer la porte aux verrous, pour n'avoir pas à craindre de visite importune; et, si l'on vient y frapper, j'aurai le temps de cacher mon ouvrage avant d'ouvrir la porte.

— Mais cette précaution ne suffira-t-elle pas pour donner des soupçons? demanda Catherine.

— Pas le moindre, répondit Roland : l'armurier s'enfermait toujours pour travailler, et il disait qu'un bon ouvrier ne veut pas être dérangé de son ouvrage. D'ailleurs, il faut bien risquer quelque chose.

— Il est temps de nous retirer pour la nuit, dit la reine : que le ciel vous protège, mes enfans. Si Marie relève la tête au-dessus des vagues qui l'ont engloutie, vous vous élèverez avec elle.

CHAPITRE XXXV.

« .... Quand un fils de l'Église
» Prend un masque trompeur, s'en couvre, se déguise
» C'est l'heure du péril, non celle du plaisir. »
Dryden. *Le Moine espagnol.*

Roland avançait dans son entreprise, et le succès semblait la couronner. Avec de l'argent que la reine lui avait remis, il avait d'abord fait quelques petits bijoux dont le travail n'était pas plus précieux que la matière, et en avait fait présent à ceux qui auraient pu être curieux de savoir à quoi il travaillait toutes les matinées dans la forge. Il endormait ainsi les soupçons en ne paraissant s'occuper que de bagatelles dont les autres tiraient profit; et cependant il vint à bout de forger un certain nombre de clefs assez semblables pour le poids et la forme à celles qu'on remettait tous les soirs à lady Lochleven : à moins de les examiner très-attentivement, il eût été impossible d'en remarquer la différence. Il employa l'eau et le sel pour leur donner la couleur, l'air de vétusté et la rouille des véritables ; et, ayant enfin réussi au gré de ses désirs, il les apporta à la reine, d'un air de triomphe, une heure après celle du couvre-feu.

La reine parut les examiner avec plaisir, et cependant elle secoua la tête d'un air de doute.—Je conviens, dit-elle, que les yeux de lady Lochleven, qui ne sont pas excellens, pourraient s'y tromper, si nous pouvions, par quelque moyen, substituer les fausses clefs à celles qui sont les instrumens de sa tyrannie. Mais comment y réussir ? qui, dans ma petite cour, osera essayer d'exécuter ce *tour de jongleur*, de manière à se flatter du succès ? Si nous pouvions l'engager dans une discussion un peu vive, ce serait le moyen de distraire son attention. Mais les discours que je lui adresse ne servent souvent qu'à lui faire prendre ses clefs plus vite pour se retirer, comme si elle voulait dire :—Voici ce qui me met au-dessus de vos reproches et de vos sarcasmes ;—et, quand il s'agirait de sa vie, Marie Stuart ne peut s'abaisser jusqu'à parler à cette femme hérétique et orgueilleuse sans lui faire sentir la distance qui les sépare. Que ferons-nous donc ? Lady Fleming emploiera-t-elle son éloquence à lui faire la description des nouvelles modes venues de Paris ? Hélas ! la bonne dame n'a pas changé de costume depuis la bataille de Pinkie. *Mignonne* lui chantera-t-elle un de ces airs touchans qui nous attendrissent jusqu'au fond de l'ame, Roland et moi ? Dame Marguerite Erskine, lady Douglas par mariage, entendrait avec plus de plaisir un psaume huguenot sur l'air : *Réveillez-vous, belle endormie.* Eh bien ! mes conseillers, que faire? Donnez-moi votre avis, car je suis au bout de mes expédiens. Notre brave champion, notre fidèle garde-du-corps, Roland Græme, attaquera-t-il vaillamment notre hôtesse, et s'emparera-t-il des clefs à force ouverte? Pour en venir à cette *voie de fait*, nous n'avions pas besoin de fausses clefs.

— Avec la permission de Votre Majesté, dit Roland, je crois qu'il faut avoir recours à l'adresse, et non à la violence; car quoique, dès qu'il s'agit de votre service, je ne craigne pas....

— Un bataillon de vieilles femmes, dit Catherine, armées de quenouilles et de fuseaux.

— Celui qui ne craint pas la langue d'une jeune fille, dit le page, ne craint rien au monde. Je suis convaincu, madame, que je viendrai à bout de substituer ces fausses clefs aux véritables; mais je crains la sentinelle qu'on a placée depuis quelque temps dans le jardin, par où il faut maintenant que nous passions.

— Nous sommes assurées d'être aidées au besoin par nos amis de l'autre côté du lac, dit la reine.

— Mais comment leur ferez-vous savoir que tout est prêt pour votre évasion, et que vous avez besoin de leur secours?

— En un clin d'œil, et le plus facilement du monde.

— Et vous pouvez compter sur leur vigilance comme sur leur fidélité?

— J'en répondrais sur ma vie, et je vais vous en donner la preuve sur-le-champ. Suivez-moi dans ma chambre à coucher. Mais un instant. Venez, Catherine; je ne dois pas rester seule avec un page si alerte. Fleming, fermez la porte de l'antichambre, et avertissez-nous si vous entendez quelqu'un sur l'escalier. Non, non;

charge-toi de ce soin, *mignone*, dit-elle à Catherine en ajoutant à voix basse : tu as l'oreille plus fine et l'esprit plus délié. Suivez-nous, Fleming. Tu ne seras pas jalouse, *mignonne*, dit-elle encore tout bas à Catherine en souriant ; tu vois que j'emmène un témoin respectable de toutes mes actions.

La reine, lady Fleming et Roland entrèrent alors dans la chambre à coucher, au bout de laquelle était une fenêtre donnant sur le lac.

— Approchez de cette fenêtre, Roland, dit la reine. Parmi les lumières qu'on commence à allumer dans le bourg de Kinross, n'en voyez-vous pas une solitaire, et plus près du bord de l'eau que les autres? Sa clarté, en ce moment de crépuscule, n'est pas plus considérable que celle que produirait un pauvre ver-luisant, et c'est cependant pour les yeux de Marie Stuart un astre plus brillant qu'aucun de ceux qui ornent la voûte des cieux. Ce signal me fait connaître qu'on songe à ma délivrance, et qu'on est prêt à seconder tout ce que je pourrai tenter de mon côté. Sans cette assurance, sans l'espoir que cette lumière me donne de recouvrer un jour ma liberté, il y a long-temps que j'aurais succombé à mes chagrins. Combien de plans, combien de projets ont été formés et abandonnés! Mais cette lumière brille encore; et tant qu'elle brillera mon espérance ne sera pas éteinte. Que de tristes soirées j'ai passées depuis le départ de Douglas, osant à peine croire que ce signal reparaîtrait jamais! Il a pourtant reparu depuis quelques jours; et, comme le feu Saint-Elme pendant la tempête, il a porté la consolation dans mon cœur, et y a fait renaître l'espérance, en m'apprenant que mes amis ont conçu quelque projet nouveau.

— Si je ne me trompe, dit Roland, cette lumière part de la maison du jardinier Blinkhoolie.

— Vous avez la vue bonne, dit la reine. Oui, c'est là que mes fidèles sujets tiennent conseil sur les moyens de me délivrer. La voix d'une malheureuse captive se perdrait sur les eaux du lac, avant de frapper leur oreille, et cependant je puis communiquer avec eux. Vous allez en être témoin, Roland, car je ne veux rien vous cacher. Je vais leur demander si le moment de l'exécution de leur projet est prochain. Placez la lampe sur la fenêtre, Fleming.

Lady Fleming obéit, et au même instant la lumière disparut de la maison du jardinier.

— Un, deux, trois, dit la reine; et quand elle arriva au nombre dix, on vit de nouveau briller la lumière.

— Dieu soit loué! s'écria-t-elle : avant-hier j'ai compté jusqu'à trente-neuf avant que la lumière reparût. Je vois donc qu'ils espèrent que l'heure de ma délivrance approche. Que le ciel protège de fidèles serviteurs qui travaillent pour moi avec tant de constance, et en s'exposant à tant de dangers! Mais rentrons dans le salon; notre absence ferait peut-être concevoir des soupçons si l'on ne nous y trouvait pas quand on servira le souper. Mais il ne faut pas songer aujourd'hui à la substitution des clefs, car il est possible que tout ne soit pas encore prêt.

Ils rentrèrent dans le salon, et la soirée se passa comme à l'ordinaire.

Le lendemain, à l'heure du dîner, il arriva un nouvel incident. Tandis que lady Lochleven faisait l'essai des mets servis sur la table de la reine, Randal vint l'avertir qu'un homme d'armes envoyé par son fils venait d'arriver au château, mais qu'il n'était porteur d'aucune dépêche.

— Vous a-t-il donné son mot d'ordre?

— Il ne veut le donner qu'à vous-même, milady.

— C'est agir prudemment. Faites-le attendre dans mon antichambre. Mais, non, madame voudra bien permettre. Faites-le venir ici sur-le-champ; j'ai hâte de lui parler.

— Puisqu'il vous plaît, dit la reine, de faire de mon appartement votre salle d'audience pour y recevoir vos domestiques....

— Ma situation doit être mon excuse, madame. Je suis seule, âgée, infirme; j'ai des devoirs importans à remplir. La vie que je mène ici ne s'accorde guère avec les années accumulées sur ma tête, et me force à me dispenser du cérémonial.

— Oh! ma bonne dame, s'écria la reine, plût au ciel qu'il n'y eût pas dans votre château de chaînes plus pesantes que celles du cérémonial! Ce sont de vraies toiles d'araignée. Mais les verrous et les barreaux sont d'une matière plus solide.

Comme elle finissait de parler, Randal entra avec l'homme d'armes qu'il avait annoncé, et Roland reconnut en lui sur-le-champ l'abbé Ambroise.

— Comment vous nommez-vous, mon ami? dit lady Lochleven.

— Édouard Glendinning, dit l'abbé en la saluant.

— Seriez-vous de la famille du chevalier d'Avenel?

— Oui, madame, je suis son proche parent.

— Cela est assez vraisemblable, dit lady Lochleven en se parlant à elle-même à demi-voix : le chevalier est fils de ses propres œuvres, et c'est par son mérite qu'il s'est élevé d'une naissance obscure au rang qu'il occupe aujourd'hui. Le chevalier d'Avenel, dit-elle tout haut, est un homme d'une fidélité et d'une bravoure à l'épreuve, et je vois avec plaisir son parent. Vous professez sans doute la véritable foi?

— Très-certainement, madame, répondit le prétendu soldat.

— Sir William a dû vous donner un mot d'ordre pour assurer votre admission au château.

— Oui, madame; mais je ne dois le répéter qu'à vous seule.

— Vous avez raison. Suivez-moi par ici. Elle le conduisit dans l'embrasure d'une croisée, au bout du salon. — Quel est ce mot d'ordre?

— Il consiste dans deux vers d'un vieux barde, reprit l'abbé.

— Répétez-les, dit la dame.

L'abbé prononça à demi-voix ces deux vers d'un poème intitulé *le Hibou :*

Douglas! Douglas!
Tendre et fidèle.

— Fidèle, sir John Holland! dit lady Douglas en s'adressant à ce poète des anciens jours : jamais un meilleur cœur ne fut inspiré par la harpe, et la gloire des Douglas était toujours le sujet favori de tes chants! Nous vous recevons au nombre de nos gardes, Glendinning. Cependant, Randal, jusqu'à ce que j'aie reçu de mon fils des nouvelles plus positives, ne l'employez que pour la garde extérieure; donnez-lui le poste du jardin, par exemple. Vous ne craignez pas l'air de la nuit, Glendinning?

— Pour le service de la maîtresse devant laquelle je me trouve, je ne crains rien, madame.

— On ne peut mieux, dit lady Lochleven, satisfaite d'un compliment qu'elle prenait pour elle. Voilà notre garnison renforcée d'un soldat que je crois digne de confiance. Descendez à l'office, mon ami; et vous, Randal, ayez soin de lui.

Quand lady Lochleven se fut retirée, la reine dit à Roland, qui ne la quittait presque plus : — Je ne sais pourquoi l'air de cet étranger me prévient en sa faveur; je serais tentée de voir en lui un ami.

— La pénétration de Votre Majesté ne la trompe pas; reprit Roland : c'est l'abbé de Sainte-Marie lui-même que vous venez de voir en la personne de cet homme d'armes.

— Quoi! s'écria la reine; c'est pour moi, indigne pécheresse, que ce saint homme, cet homme dont le rang est si élevé dans l'Église, porte l'habit d'un simple soldat, et risque de périr de la mort des traîtres!

— Dieu protégera son serviteur, madame, dit Catherine. L'aide que nous accorde le digne père Ambroise attirerait la bénédiction du ciel sur notre entreprise, si elle ne la méritait pas déjà par elle-même.

— Ce que j'admire dans mon père spirituel, dit Roland, c'est la fermeté avec laquelle il m'a regardé sans laisser entrevoir par le plus léger signe qu'il me reconnût. Je ne pensais pas que cela fût possible, depuis que j'ai cessé de croire que Henry et Catherine fussent une même personne.

— Mais avez-vous remarqué, dit la reine, avec quelle adresse le bon père éludait les questions de lady Lochleven en ne lui disant néanmoins que la vérité; mais de manière à ce qu'elle l'interprétât tout différemment?

Roland, dans l'ingénuité de son cœur, pensait que dire la vérité avec l'intention de tromper, c'était à peu près dissimuler un mensonge. Mais ce n'était pas le moment d'agiter de semblables questions.

— Maintenant faisons attention aux signaux qu'on doit nous donner de l'autre bord, s'écria Catherine. Mon cœur me dit qu'au lieu d'une lumière nous en verrons deux briller dans le jardin d'Eden. — Courage, Roland! conduisez-vous vaillamment, et nous danserons cette nuit sur le gazon comme des fées.

Les pressentimens de Catherine ne l'avaient point trompée; deux lumières brillaient effectivement dans l'ermitage, et le page entendit qu'on ordonnait à l'homme d'armes nouvellement arrivé d'aller en faction dans le jardin. Il s'empressa de rapporter à la reine cette heureuse nouvelle. Marie lui tendit la main; il fléchit le genou, et la porta à ses lèvres; mais en la touchant, il la trouva couverte d'une sueur froide. — Madame, lui dit-il, au nom du ciel, ne vous laissez pas abattre en ce moment de crise, et armez-vous de tout votre courage.

— Invoquez le secours de Notre-Dame et de tous les saints, dit lady Fleming.

— Appelez à votre aide l'esprit des cent rois dont vous êtes descendue, s'écria Roland. C'est la résolution d'une reine qu'il faut en cet instant.

— O Roland! dit Marie d'un ton d'accablement, soyez-moi fidèle; tant de gens m'ont déjà trahie! Hélas! ne me suis-je pas trahie moi-même! J'ai un pressentiment que cette entreprise me coûtera la vie. Un devin m'a prédit en France que je mourrais en prison et de mort violente. Voici l'heure qui arrive; fasse le ciel que j'y sois préparée!

— Madame, dit Catherine, souvenez-vous que vous êtes reine. Il vaut mieux périr en essayant de nous remettre en liberté que de rester ici pour y être empoisonnées comme des rats dont on veut débarrasser une vieille maison.

— Vous avez raison, Catherine, dit la reine, et vous verrez Marie agir d'une manière digne de son rang. Mais hélas! votre esprit jeune et bouillant ne peut se faire une idée des causes qui ont abattu le mien. Pardonnez-moi, mes enfans, et séparons-nous un instant. Je vais recueillir mes forces pour me préparer à cette grande entreprise.

Ils se séparèrent jusqu'au moment où l'on sonna le couvre-feu. La reine parut sérieuse, mais ferme et déterminée. Lady Fleming, en femme habituée à la cour, savait parfaitement déguiser les craintes et les inquiétudes qui l'agitaient. L'œil de Catherine était animé par la hardiesse du projet qu'il s'agissait d'exécuter, et un léger sourire annonçait qu'elle méprisait tous les dangers qui pouvaient résulter d'une découverte. Roland, qui sentait que le succès dépendait de son adresse et de son audace, appelait à son aide toute sa présence d'esprit, et puisait un nouveau courage dans les yeux de Catherine, qu'il croyait n'avoir jamais vue si belle qu'en ce moment. — Je puis échouer, pensait-il; mais tant que j'aurai devant les yeux une telle récompense, il faudra qu'ils appellent à leur aide le diable en personne pour déjouer mon projet.

Les clefs avaient été apportées suivant l'usage à lady Lochleven. Le dos tourné à une fenêtre qui, comme celle de la chambre de la reine, donnait sur le lac, et d'où l'on apercevait l'église et le bourg de Kinross, et quelques chaumières situées sur le bord du lac, elle était debout devant la table sur laquelle elle avait déposé ses clefs un instant pour faire l'essai des différens mets qui y étaient servis, et ses yeux semblaient se diriger plus constamment que de coutume sur le fatal trousseau; du moins c'est ce que l'envie de les voir en leur puissance faisait croire aux prisonnières. Elle venait de finir la cérémonie de goûter de tous les plats destinés à la reine, et elle avançait déjà la main pour reprendre ses clefs, quand Roland, qui se trouvait près d'elle et qui lui avait présenté successivement tous les mets pour qu'elle en fit l'essai, tournant la tête vers la croisée dont nous venons de parler, s'écria qu'il voyait une lumière dans le cimetière de Kinross.

Lady Lochleven n'était pas tout-à-fait exempte des superstitions de son siècle. Elle croyait aux présages; ses fils étaient absens, et une lumière vue dans un cimetière passait pour un signe de mort. Elle tourna la tête un instant vers la croisée, et cet instant suffit pour lui faire perdre tout le fruit de sa longue vigilance. Roland avait sous son habit le trousseau de fausses clefs, et il les substitua avec autant d'adresse que de célérité à celui qui unissait les véritables, dont il s'empara. Toute sa dextérité ne put cependant empêcher les clefs de faire quelque bruit.

— Qui touche à mes clefs? s'écria lady Lochleven en se retournant avec vivacité. Roland lui répondit que la manche de son habit les avait dérangées en découpant une volaille près de laquelle elles étaient placées. Elle les reprit sur-le-champ sans aucun soupçon de la substitution qui venait de se faire, et reporta ses regards du côté de la fenêtre.

— Ces deux lumières, dit-elle, ne sont pas dans le cimetière. Je suis certaine qu'elles sont dans la chaumière du vieux jardinier Blinkhoolie, qui en est voisine. Je ne sais quel métier fait ce drôle; mais depuis un certain temps on voit de la lumière chez lui presque pendant toute la nuit. Je le regardais comme un homme industrieux et paisible; mais s'il reçoit chez lui des vagabonds et des coureurs de nuit, il faudra en débarrasser le pays.

— Peut-être travaille-t-il à faire des paniers pour vendre son fruit, dit le page, qui désirait détourner le cours de ses soupçons.

— Ou à ses filets, dit lady Lochleven d'un ton d'ironie.

— Sans doute, ajouta Roland, pour prendre des truites et des saumons.

— Ou des fous et des coquins, dit lady Lochleven; mais dès demain je prendrai des renseignemens à cet égard. Saluant alors la reine, elle se retira suivie de Randal, qui l'attendait dans l'antichambre, selon la coutume, pour la reconduire dans son appartement.

— Demain! s'écria le page en se frottant les mains de joie quand elle fut partie; les fous comptent sur demain, mais les sages profitent d'aujourd'hui. Nous voilà maîtres de toutes les portes du château. — Oserais-je prier Votre Majesté de se retirer quelques instans dans son appartement, et d'attendre que tout soit endormi dans la citadelle? Je vais frotter d'huile ces précieux instrumens de notre liberté pour qu'ils fassent moins de bruit en les essayant. Courage et constance, tout ira bien, pourvu que nos amis de l'autre bord ne manquent pas d'amener la barque dont vous m'avez parlé.

— Ne craignez rien, dit Catherine; on peut compter sur eux, si notre chère reine veut conserver son noble courage...

— J'ai cédé à l'accablement d'un instant, dit Marie; mais je trouverai le courage dont j'ai donné des preuves quand j'accompagnais mes nobles à la guerre, quand je désirais être homme pour couvrir mon front du casque et orner mon bras de l'épée et du bouclier.

— L'alouette ne chante pas plus gaiement que le soldat, dit Catherine. Mais Votre Majesté se trouvera bientôt au milieu de ses fidèles sujets, et un seul de ses regards donnera à chacun d'eux triple force et triple courage.

— Il faut nous presser, dit la reine; on vient d'éteindre une des deux lumières, ce qui nous annonce que la barque vient de prendre le large.

— Il leur faudra du temps pour faire la traversée, dit le page, car ils rameront avec précaution, de peur d'être entendus, et se serviront de l'aviron quand la profondeur de l'eau le permettra. — Que chacun s'apprête. Je vais prévenir notre digne abbé.

A minuit, tandis qu'un profond silence régnait à Lochleven, Roland essaya ses clefs, non sans trembler, à la porte qui communiquait au jardin, et ne manqua pas de remarquer celle qui l'ouvrait. Il trouva l'abbé déguisé.

— La barque est-elle arrivée? lui demanda-t-il.

— Il y a une demi-heure qu'elle est sous le mur du jardin, répondit l'abbé Ambroise, et il est impossible que la sentinelle de la tour l'aperçoive en cet endroit ; mais je crains qu'elle n'échappe pas de même à sa surveillance quand nous reprendrons le large.

— La nuit et le silence nous favorisent, dit le page. D'ailleurs c'est Hildebrand qui est de garde sur la tour. C'est un drôle qui n'a jamais fait une faction sans vider une pinte d'eau-de-vie et sans s'endormir.

— Amenez donc la reine, reprit l'abbé ; je vais avertir Henry Seyton ; et que le ciel nous favorise !

Les trois prisonnières, précédées par Roland, descendirent l'escalier sur la pointe du pied, osant à peine respirer, et tremblant au seul bruit que faisaient leurs vêtemens en marchant. Elles furent reçues à la porte du jardin par Henry Seyton et l'abbé, et le premier parut sur-le-champ prendre sur lui la direction de l'entreprise.

— Révérend abbé, dit-il, donnez le bras à ma sœur ; je me charge de la reine, et ce jeune homme aura l'honneur de conduire lady Fleming.

Cet arrangement n'était pas tout-à-fait celui qui aurait convenu à Roland ; mais ce n'était pas le moment de faire des objections. Catherine Seyton, qui connaissait le terrain, marchait en avant, comme une sylphide, entraînant l'abbé après elle au lieu d'en être soutenue. La reine, animée par son courage naturel qui faisait taire la crainte, mais en proie à mille réflexions pénibles, venait ensuite, appuyée sur le bras d'Henry Seyton ; enfin lady Fleming se traînait à l'arrière-garde, poussant de gros soupirs, faisant un faux pas à chaque instant, et accablant de tout son poids un des bras du pauvre Roland, qui portait sous l'autre une cassette et un paquet appartenant à la reine.

Henry Seyton était entré dans le jardin en escaladant la muraille. Les prisonnières ne pouvant en sortir de même, il fallut ouvrir la porte qui conduisait sur le bord du lac. Plusieurs clefs furent essayées inutilement. Moment terrible de terreur et d'espoir! Enfin elle s'ouvrit, et l'on trouva à quelques pas une barque équipée avec six rameurs et un pilote, tous couchés sur le pont, pour éviter d'être vus. Henry fit asseoir la reine sur la poupe; l'abbé se préparait à aider Catherine à entrer dans la barque; mais d'un saut elle s'y élança, et était déjà assise à côté de la reine tandis qu'il lui présentait encore la main. Roland arrivait alors avec lady Fleming; mais à l'instant de la faire entrer dans la barque, il s'écria à voix basse et en se frappant sur le front : — Quel oubli! quel oubli! attendez-moi une demi-minute. A ces mots, laissant sur le rivage sa compagne, en lui remettant la cassette de la reine, et jetant le paquet dans la barque, il rentra dans le jardin avec la vitesse d'un cerf.

— De par le ciel! s'écria Seyton, il nous trahit. Je l'avais toujours craint.

— Il en est incapable, dit Catherine, et je réponds de lui.

— Silence! lui dit brusquement son frère. Que la honte vous ferme la bouche, si ce n'est pas la crainte. Allons, rameurs, prenons le large, et force de rames : il y va de la vie.

— Eh bien! eh bien! s'écria lady Fleming plus haut que la prudence ne le permettait, partez-vous donc sans moi?

— Au large! au large! dit Seyton : qu'importe ce qui reste, pourvu que la reine soit sauvée?

— Le souffrirez-vous, madame, dit Catherine à la reine? abandonnerez-vous votre libérateur à la mort?

— Non, bien certainement, répondit Marie. Seyton, je vous ordonne d'attendre, à quelque risque que ce soit.

— Pardon si je vous désobéis, madame, répliqua l'impétueux jeune homme; et, tirant lady Fleming dans la barque, il prit un aviron, et mit lui-même la main à l'œuvre pour s'éloigner du rivage. Elle en était déjà à quelques pieds, quand Roland, arrivant hors d'haleine, et voyant qu'on partait sans lui, s'élança avec agilité dans la barque, et renversa Seyton qui se trouvait devant lui. Henry se releva en jurant à demi-voix, et arrêtant le page qui s'avançait vers la poupe :

— Votre place n'est pas avec les dames, lui dit-il; restez à la proue. Allons, mes amis, courage! jouez des bras.

Les rameurs obéirent, et la barque s'éloigna rapidement du rivage.

— Pourquoi n'avez-vous pas couvert les rames? demanda Roland. Le bruit qu'elles font éveillera la sentinelle, si vous ne l'avez pas déjà éveillée en parlant.

— Tout ce délai vient de ta faute, dit Seyton; mais tu m'en rendras compte ci-après, ainsi que de quelques autres choses.

Les craintes de Roland se vérifièrent trop tôt pour lui permettre de répondre. Hildebrand à demi endormi n'avait pas entendu le bruit des voix; mais celui des rames l'éveilla. On l'entendit s'écrier : — La barque! la barque! amenez, amenez sur-le-champ, ou je fais feu. Voyant que la barque continuait à s'éloigner, il cria :

— Trahison! trahison! déchargea son arquebuse, et

sonna la cloche d'alarme. Les dames épouvantées se précipitèrent l'une sur l'autre; le pilote quitta le gouvernail, et couvrit la reine de son corps. Plus d'une balle siffla en l'air et tomba dans l'eau à peu de distance de la barque. Enfin des lumières qu'on voyait se mouvoir à toutes les fenêtres du château prouvèrent que chacun y était éveillé, et qu'on avait découvert l'évasion des prisonnières.

— Ramez! ramez donc! s'écria Seyton; faites forces de rames, ou, de par Dieu, mon poignard vous donnera des bras! On va mettre l'esquif à notre poursuite.

— C'est à quoi j'ai pris garde, dit Roland; car je ne vous ai quittés un instant que pour fermer les portes du château, et je vous réponds qu'elles sont solides, et qu'il faudra du temps pour les forcer. Maintenant je me démets de la charge de portier du château de Lochleven, et j'en confie les clefs à la garde du Kelpie (1). A ces mots, il jeta dans le lac le trousseau de clefs.

— Que le ciel vous bénisse, mon fils, dit l'abbé; votre prudence nous fait honte à tous.

— Je connaissais, dit la reine, respirant alors plus librement parce qu'on était hors de la portée du mousquet, la fidélité, le zèle et la promptitude de mon jeune écuyer Roland Græme, et j'espère qu'il sera l'ami de mes dignes et fidèles chevaliers George Douglas et Henry Seyton. Mais où est donc Douglas?

— Le voici, madame, répondit d'une voix mélancolique l'homme qui remplissait les fonctions de pilote, et qui était assis près d'elle.

(1) Esprit que la superstition suppose habiter les lacs et les rivières. (Voyez la note page 224.) — Éd.

— Quoi! Douglas, c'était donc vous qui me faisiez un rempart de votre corps quand les balles pleuvaient autour de nous?

— Croyez-vous, madame répondit-il, que Douglas aurait cédé à qui que ce fût le droit de sacrifier sa vie pour sauver celle de Marie Stuart?

Ce dialogue fut interrompu par la décharge d'une de ces petites pièces d'artillerie nommées fauconneaux dont on se servait à cette époque. Mais la nuit était trop obscure pour qu'on pût pointer la barque à la distance où elle se trouvait alors de Lochleven. Cependant le bruit, répété par les échos de Bennarty, renouvela l'effroi des prisonnières, et elles ne prononcèrent plus un seul mot avant d'arriver au lieu de débarquement, qu'elles atteignirent peu d'instans après. Elles descendirent sur un quai grossièrement construit au bout du jardin dont nous avons déjà parlé. Dès qu'elles eurent posé le pied sur le rivage, l'abbé prononça à haute voix une action de graces au ciel, qui avait si visiblement favorisé leur entreprise, et Douglas recueillit la récompense la plus flatteuse pour lui de ses travaux, en conduisant la reine dans la maison du jardinier. Marie, dans ce premier moment de liberté, n'oublia pourtant pas Roland, car elle ordonna à Seyton de donner le bras à lady Fleming; et le page, sans attendre aucun ordre, s'empressa d'offrir le sien à Catherine. Cependant Henry confia lady Fleming aux soins de l'abbé, alléguant qu'il fallait qu'il veillât à ce qu'on préparât les chevaux; et les hommes de sa suite, se débarrassant de leurs surtouts de bateliers, se disposèrent à le suivre.

Tandis que Marie se reposait quelques minutes dans

la chaumière du jardinier, en attendant que tout fût prêt pour le départ, elle aperçut dans un coin le vieux propriétaire du jardin, et l'invita à s'approcher d'elle. Il obéit, mais en quelque sorte à contre-cœur.

— Eh bien! mon frère, dit l'abbé, vous tardez bien long-temps à féliciter votre souveraine du recouvrement de sa liberté?

Le vieillard continua à s'avancer à pas lents vers la reine, et lui adressa en fort peu de mots un compliment beaucoup mieux tourné qu'elle n'aurait dû l'attendre d'un homme de sa profession. Marie le remercia de la manière la plus gracieuse. — Il nous reste, ajouta-t-elle, à vous récompenser comme nous le pouvons en ce moment, de votre dévouement à notre cause; car nous savons que votre maison a été long-temps l'asile dans lequel nos fidèles serviteurs se sont concertés pour nous rendre la liberté.

A ces mots elle lui offrit une bourse en ajoutant que, par suite, elle se proposait de récompenser plus dignement ses services.

— A genoux, mon frère, à genoux, dit l'abbé, et remerciez Sa Majesté de ses bontés.

— Mon frère, répondit le jardinier avec humeur, vous qui étiez autrefois à quelques degrés au-dessous de moi, et qui êtes encore aujourd'hui plus jeune de bien des années, laissez-moi faire mes remerciemens à ma manière. Des reines ont fléchi le genou devant moi, et en vérité les miens sont trop vieux et trop raides pour pouvoir plier même devant une dame si aimable. Si les serviteurs de Votre Majesté, madame, ont occupé ma maison de manière que je ne pouvais plus l'appeler la mienne; si, dans le zèle de leurs allées et venues nocturnes, ils ont foulé mes plus belles fleurs; s'ils ont détruit l'espoir de ma récolte en faisant de mon verger une écurie pour leurs chevaux, la seule récompense que je vous demande, c'est qu'il plaise à Votre Majesté de fixer sa résidence aussi loin de moi qu'elle le pourra. Je suis vieux, et je voudrais arriver au tombeau en paix avec les hommes et le plus tranquillement possible.

— Je vous garantis, brave homme, que si j'habite une seconde fois ce château, ce ne sera pas ma faute. Mais acceptez cet argent; ce sera une faible indemnité des dégâts qui ont pu se commettre dans votre jardin et votre verger.

— Je remercie Votre Majesté; mais cela ne m'indemniserait en rien. Il n'est pas facile d'indemniser un vieillard qui n'a peut-être plus qu'un an à vivre de la perte de ses travaux de toute une année. D'ailleurs ne me dit-on pas que ma sûreté exige que je quitte cet endroit; que je devienne errant à mon âge, moi qui ne possède rien au monde que ces arbres fruitiers et quelques vieux parchemins relatifs à quelques secrets de famille qui ne valent pas la peine qu'on en parle? Quant à l'argent, si je l'avais aimé, je serais resté abbé de Sainte-Marie; et cependant j'aurais eu tort, car, si l'abbé Boniface n'est plus que le pauvre jardinier Blinkhoolie, son successeur, l'abbé Ambroise, a subi une métamorphose encore plus fâcheuse, puisque le voilà devenu homme d'armes.

— Quoi! s'écria la reine, ai-je devant les yeux l'abbé Boniface, dont j'ai tant entendu parler? Ce serait à moi à fléchir le genou devant vous, mon vénérable père, pour vous demander votre bénédiction.

— N'en faites rien, madame, n'en faites rien. Puisse la bénédiction d'un vieillard qui n'est plus abbé vous accompagner dans les vallées et sur les montagnes ! Mais j'entends le bruit de vos chevaux.

— Adieu, mon père; quand nous serons rentrée dans Holyrood, nous n'oublierons ni l'ancien abbé de Sainte-Marie ni son jardin.

— Oubliez l'un et l'autre, s'écria l'ex-abbé, et que Dieu vous protège !

Tout en sortant de la maison, ils entendirent le vieillard murmurer encore quelques mots d'un ton grondeur, et fermer sa porte avec soin.

— La vengeance des Douglas va tomber sur lui, dit la reine. Faut-il que je cause ainsi la ruine de tout ce qui m'approche !

— Il ne peut rester ici, dit Seyton; on a pris les mesures nécessaires, et on va le conduire dans un endroit où il sera en sûreté. Mais je voudrais que Votre Majesté fût déjà partie. Allons, à cheval ! à cheval !

La suite de Seyton et de Douglas était composée d'une vingtaine de cavaliers. On présenta des chevaux à la reine et à ses deux dames ; et la petite troupe, évitant de passer par le bourg où le feu du château avait jeté l'alarme, se trouva bientôt en plaine, et s'éloigna de Kinross au grand trot.

CHAPITRE XXXVI.

> « Il monta sur son cheval noir,
> » La plaça sur sa jument grise,
> » Et, plus rapide que la bise,
> » Ils voyagèrent jusqu'au soir. »
>
> *Ancienne ballade.*

La fraîcheur de l'air de la nuit, le bruit de la marche accélérée des chevaux, la rapidité du mouvement, et surtout le sentiment de la liberté qui venait de lui être rendue, dissipèrent peu à peu l'espèce d'abattement qui accablait d'abord la reine. Elle ne put cacher le changement qui s'opérait en elle à un homme d'armes qui marchait à son côté, la visière baissée, et qu'elle prenait pour l'abbé Ambroise; car Seyton, avec toute l'impétuosité d'un jeune homme, fier, non, sans quelque raison, de son premier succès, se donnait des airs d'importance, et semblait avoir pris, de lui-même, le commandement de la petite troupe qui escortait, suivant le langage du temps, la fortune de l'Écosse. Tantôt il était à la tête, animant les premiers cavaliers à marcher d'un pas rapide, mais en bon ordre ; tantôt, courant à l'arrière-garde, il ordonnait à ceux qui s'y trouvaient de ne pas ménager leurs éperons, et de ne laisser aucun intervalle entre les rangs ; quelquefois, s'approchant de la reine et de ses dames, qui étaient au centre, il leur demandait comment elles supportaient les fatigues de la marche, et si elles avaient quelques ordres à lui donner. Mais, tandis que Henry était ainsi affairé, non sans un peu d'ostentation, le cavalier placé près de la reine lui donnait toute son attention sans partage, comme s'il eût été chargé de veiller sur un être d'un ordre supérieur. Quand la route était dangereuse ou seulement raboteuse, il ne songeait presque plus à son cheval, et, tenant la main sur la bride de celui de Marie, il cherchait à prévenir le moindre accident. Ils furent obligés de traverser à gué une rivière, et de la main gauche il la soutint sur sa selle, tandis que de la droite il tenait les rênes du palefroi qui la portait.

— Je ne croyais pas, révérend père, dit la reine quand elle fut sur l'autre rive, qu'il se trouvât de si bons cavaliers dans le couvent de Sainte-Marie. Celui à qui elle parlait ainsi soupira sans lui répondre. Je ne sais, continua la reine sans y faire attention, si c'est le sentiment de la liberté, ou le plaisir de me livrer à mon exercice favori, et dont j'ai été si long-temps privée, qui semble me donner des ailes ; jamais poisson dans l'eau, jamais oiseau dans les airs n'ont éprouvé la sensation délicieuse qui me transporte en ce moment. Il me semble que je suis sous l'influence d'un talisman en me retrouvant en selle ; car je crois être montée sur ma

Rosabelle, qui n'avait pas d'égale en Écosse pour la légèreté de la marche, la douceur du trot, et la sûreté du pied.

— Et si l'animal qui porte un fardeau si précieux pouvait parler, répondit la voix mélancolique de George Douglas, il vous dirait : Quelle autre monture que Rosabelle devait servir à sa maîtresse en ce moment de crise, et quel autre que Douglas devait veiller à sa sûreté ?

La reine tressaillit, et vit d'un seul coup d'œil tous les maux que la passion inconsidérée de ce jeune homme pouvait produire tant pour elle que pour lui-même ; mais la compassion et la reconnaissance l'emportèrent sur la dignité royale offensée, et elle s'efforça de continuer la conversation d'un ton d'indifférence.

— Je croyais, dit-elle, avoir entendu dire que, lors du partage de mes dépouilles, Rosabelle avait été donnée à la belle Alice, à la sultane favorite de Morton.

— La noble haquenée avait été dégradée à ce point, dit Douglas ; elle était gardée sous quatre clefs, et par un grand nombre de palefreniers ; mais Marie, reine d'Écosse, avait besoin de Rosabelle, et Rosabelle est ici.

— Est-il possible, Douglas, que, dans un moment où nous allons avoir à courir tant de dangers de toute espèce, vous ayez inutilement exposé vos jours pour un objet aussi peu important qu'une haquenée ?

— Appelez-vous peu important ce qui vous a procuré un instant de plaisir ? Ne vous ai-je pas vue tressaillir de joie quand vous avez appris que vous étiez montée sur Rosabelle ? Et pour vous acheter ce plaisir, ne dût-il durer que le temps de la lueur d'un éclair, Douglas n'aurait-il pas risqué mille fois sa vie ?

— Paix, Douglas, paix! un tel langage n'est pas convenable. Mais où est donc l'abbé de Sainte-Marie? Je voudrais lui parler. Eh bien, Douglas, pourquoi vous éloigner d'un air d'humeur?

— D'humeur, madame! j'en prendrais aussi facilement contre le ciel, s'il me refusait l'accomplissement des souhaits les plus extravagans qu'un mortel puisse former. Le chagrin est le seul sentiment que puissent m'inspirer vos mépris.

— Je ne vous ai point montré de mépris. Continuez à tenir mes rênes, l'abbé peut se placer de l'autre côté; d'ailleurs si la route devenait mauvaise, je doute fort qu'il fût en état de me rendre, ainsi qu'à Rosabelle, les mêmes services que vous.

L'abbé, informé que la reine le demandait, vint se placer près d'elle, et elle entama avec lui une conversation sur l'état des partis en Écosse, et sur le plan qu'elle devait suivre pour remonter sur le trône. Douglas ne prit aucune part à cet entretien, se contentant de répondre quand Marie lui parlait, et semblant ne songer qu'à la sûreté personnelle de la reine.

Les premiers rayons de l'aurore ne paraissaient pas encore, lorsqu'ils s'arrêtèrent devant la porte de West-Niddrie, château situé dans le Lothian occidental, appartenant à lord Seyton. La reine s'apprêtant à descendre de cheval, Henry Seyton prévint Douglas en lui offrant la main, et, mettant un genou en terre, la pria d'entrer dans le château de son père, son fidèle serviteur.

— Votre Majesté, lui dit-il, peut s'y reposer en toute sûreté. Il s'y trouve déjà une garnison suffisante pour le défendre; et mon père, à qui j'ai fait donner avis de votre évasion, va y arriver d'un moment à l'autre à la tête de cinq cents hommes. Ne soyez donc pas inquiète si votre sommeil était interrompu par un bruit de chevaux, et pensez seulement que c'est un renfort d'étourdis Seytons qui vous arrive.

— Et une reine d'Écosse ne peut être mieux gardée que par les étourdis Seytons, répondit Marie. Rosabelle allait comme le vent; et quoique son allure soit douce, il y a si long-temps que je n'ai voyagé que je sens qu'un peu de repos m'est nécessaire. Catherine, vous coucherez cette nuit dans mon appartement; c'est vous qui devez me faire les honneurs du château de votre père. Je vous remercie tous, mes libérateurs : je ne puis vous offrir encore que des remerciemens ; mais si je regagne le haut de la roue de la fortune, je ne me laisserai pas couvrir les yeux de son bandeau ; Marie Stuart saura distinguer ses amis. Seyton, je n'ai pas besoin de recommander particulièrement à votre hospitalité le vénérable abbé, George Douglas et mon page.

Henry la salua respectueusement, et la reine monta dans l'appartement qui lui était destiné avec lady Fleming et Catherine Seyton. Elle rendit de courtes mais ferventes actions de graces au ciel de sa délivrance, et ne songea plus qu'à puiser dans quelques heures de sommeil les forces nécessaires pour supporter les fatigues du lendemain.

La matinée était déjà avancée quand elle s'éveilla. Sa première pensée fut qu'elle avait fait un beau rêve ; et, pour s'assurer si elle était vraiment en liberté, elle sauta à bas de son lit, jeta une mante sur ses épaules, et courut à la fenêtre. Vue délicieuse ! Au lieu du triste lac de Lochleven, elle avait sous les yeux une plaine fertile, terminée par une belle colline couverte de bois, et le parc qui entourait le château, rempli de cavaliers armés pour sa défense.

— Lève-toi, Catherine, lève-toi! s'écria-t-elle transportée de joie. Voici enfin des sabres et des lances dans des mains fidèles, et des cuirasses couvrant des cœurs pleins de loyauté. Vois-tu, *mignonne*, vois-tu ces bannières agitées par le vent? Avec quel plaisir j'y reconnais les couleurs et les devises de mes plus fidèles sujets! Voici celle de ton brave père, celle du noble Hamilton, celle du fidèle Fleming. Vois, vois; ils m'ont aperçue, et tous lèvent la tête vers nous.

Elle ouvrit la fenêtre; et dans l'état où elle se trouvait en sortant du lit, la tête nue, les cheveux en désordre et son beau bras à peine couvert par sa mante, elle répondit par un signe obligeant aux cris de joie que ces braves firent retentir au loin. Après le premier mouvement d'enthousiasme, elle se souvint qu'elle était vêtue à la légère; et, cachant des deux mains son visage couvert de rougeur, elle se retira précipitamment de la croisée. On devina aisément la cause de sa disparition, ce qui augmenta l'enthousiasme général pour une princesse à qui l'empressement de voir ses fidèles sujets avait fait oublier l'étiquette de son rang. Sa beauté sans ornement fit même sur ces guerriers plus d'impression qu'elle aurait pu en produire si elle s'était montrée à eux revêtue de tous les attributs de la puissance souveraine; et ce qui aurait pu paraître trop libre dans cette conduite fut plus qu'excusé par l'enthousiasme du moment et par la délicatesse qu'elle avait montrée en se retirant si précipitamment. Sa retraite ne mit pas fin aux acclamations bruyantes, qui se prolongèrent long-temps;

et plus d'un soldat fit vœu ce matin, sur la croix formée par le pommeau de son épée, de ne quitter les armes que lorsque Marie Stuart serait remontée sur son trône. Hélas! à quoi servent les vœux et les promesses des mortels! à quoi aboutissent leurs espérances! Au bout de dix jours tous ces braves gens devaient être morts, prisonniers ou en fuite!

Marie se laissa tomber sur la chaise la plus voisine, et dit à Catherine en rougissant et avec un sourire: — Que vont-ils penser de moi, *mignonne?* M'être ainsi montrée à eux, les cheveux épars, le cou et les bras nus, sans autres vêtemens que cette mante dont je m'étais couverte à la hâte! Ce qu'ils peuvent croire de mieux, c'est que la captivité de leur reine lui a fait perdre l'esprit. Appelle Fleming. Cependant j'espère qu'elle n'a pas oublié ma cassette. Il faut que nous fassions une toilette royale autant que les circonstances nous le permettent.

— Oh! notre bonne lady Fleming, au moment de notre départ, n'était en état de songer à rien.

— Vous plaisantez, Catherine; il n'est pas dans son caractère de faire un pareil oubli.

— Roland en a pris soin pour elle. Je l'ai vu se charger de la cassette et d'un gros paquet; et quand, à l'instant de nous embarquer, il nous quitta si précipitamment, il remit la cassette à lady Fleming et jeta dans la barque le paquet, qui pensa me tomber sur la tête. Vit-on jamais page si maladroit?

— Il te fera réparation de cette offense, *mignonne*, et de toutes les autres qu'il peut avoir commises. Mais appelle lady Fleming; il faut nous préparer à voir mes fidèles sujets.

Lady Fleming arriva; elle mit en œuvre tout son savoir-faire; et la reine parut devant ses nobles assemblés sous un costume convenable à sa dignité, quoiqu'il ne pût rien y ajouter. Avec ces graces qui gagnaient tous les cœurs, elle adressa ses remerciemens à chaque baron, sans même en excepter les chefs d'un rang inférieur.

— Et où allons-nous maintenant, milords? leur demanda-t-elle : quelle est la marche que vous avez arrêtée?

— Nous comptons, madame, répondit lord Arbroath, sous le bon plaisir de Votre Majesté, gagner d'abord le château de Draphane, et de là nous rendre à Dumbarton, pour y mettre votre personne en sûreté; après quoi nous entrerons en campagne pour voir si les traîtres oseront s'y montrer.

— Et quand partons-nous, milords?

— Après le déjeuner, répondit lord Seyton, si Votre Majesté ne se trouve pas trop fatiguée.

— Votre bon plaisir sera le mien, milords, répondit Marie. Vos conseils dirigeront ma marche, comme ils m'aideront bientôt, j'espère, à gouverner mes états. Milords, vous me permettrez, ainsi qu'à mes dames, de déjeuner avec vous. Il faut que nous soyons à demi soldats, et que nous laissions de côté le cérémonial.

Cette marque de condescendance répandit un nouvel enthousiasme dans l'assemblée. Mais la reine, promenant ses regards sur tous ceux qui la composaient, chercha vainement Douglas et Roland, et elle demanda à voix basse à Catherine où ils étaient.

— Ici près, madame, dans l'oratoire, et assez tristes,

répondit Catherine; et la reine remarqua que sa favorite avait les yeux rouges.

— Cela ne doit pas être, dit la reine : entretenez la compagnie, j'irai moi-même les chercher, et je me charge de les introduire.

Elle entra dans l'oratoire, et vit d'abord Douglas, debout dans l'embrasure d'une croisée, et livré à de profondes réflexions. Il tressaillit en apercevant la reine, et ses traits prirent un instant une expression de gaieté qui fit place sur-le-champ à celle de sa mélancolie habituelle.

— Que veut dire ceci, Douglas? lui dit-elle : pourquoi celui qui a eu tant de part à notre délivrance, qui a été le premier à y travailler, évite-t-il la présence de la souveraine qu'il a servie et des nobles réunis pour la servir comme lui?

— Madame, répondit Douglas, ces heureux nobles peuvent vous offrir des soldats pour défendre votre cause, des trésors pour soutenir votre rang, des châteaux forts pour protéger votre personne : George Douglas n'a ni vassaux ni richesses; il est sans asile, déshérité par son père, chargé de sa malédiction, désavoué par tout ce qui porte son nom, il ne peut vous dévouer que son épée et sa vie.

— Avez-vous dessein de me faire un reproche, Douglas, en me rappelant ce que vous avez perdu pour moi?

— A Dieu ne plaise, madame! mon rang, ma fortune, mes amis, mes parens, quand je vous aurais sacrifié tout cela vingt fois, j'en serais plus que dédommagé par le premier pas que vous auriez fait librement dans votre royaume.

— Et qui donc vous empêche de venir prendre part à la joie de ceux qui me félicitent de ma liberté?

— C'est que, tout déshérité, tout dévoué que je suis, madame, je n'en suis pas moins un Douglas. La plupart des nobles qui vous sont attachés sont ennemis de ma famille depuis des siècles : leur froideur serait pour moi une insulte, leur amitié une humiliation.

— Fi! Douglas, fi! bannissez cette humeur sombre; elle est indigne d'un homme. Songez que j'ai le pouvoir de vous rendre l'égal, par les titres et le rang, du plus puissant d'entre eux, et que j'en ai la volonté. Suivez-moi, Marie Stuart vous l'ordonne.

— Ce mot suffit, madame; je vous obéis. Permettez-moi seulement de vous dire que l'espoir du rang le plus élevé, des titres les plus distingués, ne m'aurait jamais fait faire ce que j'ai fait. Il n'est pas au pouvoir de la reine d'Écosse de me récompenser de ce que j'ai fait pour Marie Stuart.

A ces mots, il suivit la reine, qui le présenta aux barons assemblés comme un de ses libérateurs, et il se plaça au bas de la table.

— Que Notre-Dame ait pitié de moi! pensa la reine en portant son mouchoir à ses yeux. A peine les soucis de mon emprisonnement sont-ils terminés qu'en voici d'autres qui viennent m'assaillir, comme femme et comme reine. Heureuse Élisabeth! l'intérêt politique est tout pour toi, et jamais ton cœur n'a trahi ta tête. Et maintenant il faut que je cherche cet autre jeune homme, si je veux empêcher qu'il n'y ait des dagues tirées entre lui et Henry Seyton.

Elle entra dans l'oratoire, où Roland avait été témoin silencieux de ce qui s'était passé entre elle et

Douglas. Il s'était discrètement retiré à l'autre bout de l'appartement, pour ne pas entendre leur conversation : il avait aussi l'air sombre et rêveur; mais son front s'éclaircit au premier mot que la reine lui adressa.

— Eh bien! Roland, pourquoi négligez-vous votre service ce matin? Est-ce la fatigue du voyage qui en est cause?

— Nullement, madame : je remplirais avec grand plaisir mes fonctions ordinaires auprès de Votre Majesté; mais on m'a dit que le page de Lochleven n'est plus le page du château de West-Niddrie ; et maître Henry Seyton a jugé à propos de me signifier ainsi mon congé.

— Que le ciel me pardonne! s'écria la reine, ces jeunes coqs sont à peine sortis de la coquille qu'ils veulent chanter! Mais je crois que je puis agir en reine, du moins avec des enfans. Qu'on fasse venir Henry Seyton, dit-elle en entr'ouvrant la porte de l'oratoire. Il arriva sur-le-champ. Approchez, Henry, lui dit-elle; je veux que vous soyez ami de ce jeune homme, sans le dévouement duquel je serais encore captive. Donnez-lui votre main.

— De tout mon cœur, madame, pourvu qu'il me promette de ne jamais toucher celle d'une autre personne de ma famille qu'il connaît; il a déjà pris ma main pour la sienne. En un mot, s'il veut avoir mon amitié, il faut qu'il renonce à toute pensée d'amour pour ma sœur.

— Henry, vous convient-il de mettre des conditions à l'exécution de mes ordres?

— Madame, je suis fidèle serviteur de Votre Majesté, fils de l'homme le plus loyal qui soit en Écosse, et héritier de ses sentimens. Notre sang, nos biens, nos vassaux sont à vous; mais notre honneur nous appartient. J'en dirais bien davantage si.....

— Parlez, jeune insolent, parlez! A quoi me sert d'être délivrée de ma captivité de Lochleven si mes prétendus libérateurs veulent m'imposer un nouveau joug, et m'empêcher de rendre justice à celui qui a fait pour ma délivrance tout autant que personne d'entre eux?

— Que Votre Majesté ne prenne pas mon parti avec tant de chaleur, dit Roland. Maître Henry Seyton étant votre fidèle serviteur, étant frère de miss Catherine, il est impossible que j'oublie jamais les égards qui lui sont dus.

— Je vous préviens encore une fois, lui dit Henry avec hauteur, de ne jamais parler de manière à faire croire que vous pensiez que ma sœur puisse jamais être pour vous autre chose que ce qu'elle est pour le fils du dernier paysan d'Écosse.

La reine allait encore intervenir, car elle voyait le sang se porter au visage de Roland, et il était douteux que son amour pour Catherine l'emportât sur son caractère ardent et impétueux. Mais il survint en ce moment un tiers, invisible jusqu'alors, qui dispensa la reine de cette intervention. Il y avait dans l'oratoire un cabinet qui en était séparé par une cloison à jour, en bois de chêne, et où était placée une statue de saint Bennet, patron de la famille des Seytons. De ce cabinet, où elle était probablement en prières, sortit tout à coup Magdeleine Græme; et lançant sur Henry un regard foudroyant: — Du dernier paysan d'Écosse! répéta-t-elle; et de quelle argile sont donc pétris les Seytons, si le sang des Græme n'est pas digne de se mêler au leur? Apprends, jeune orgueilleux, qu'en reconnaissant ce jeune homme pour le fils de ma fille je compte parmi ses ancêtres Malise, comte de Strathern, surnommé Malise au tison ardent, et je doute que le sang de ta maison remonte à une source plus pure.

— J'aurais cru, bonne mère, dit Seyton, que votre sainteté vous aurait rendue supérieure aux vanités du monde; mais il paraît du moins qu'elle vous en a fait oublier quelque chose; car vous devriez savoir que pour être de race noble il faut que le nom et le lignage du père soient aussi distingués que celui de la mère.

— Et si je dis qu'il est issu du sang des Avenel, du côté de son père, n'aurai-je pas nommé un sang aussi riche en couleur que le tien?

— Des Avenel! dit la reine: mon page serait de la famille d'Avenel?

— Oui, gracieuse souveraine; il est le dernier rejeton mâle de cette ancienne maison: son père, Julien Avenel, mourut les armes à la main en combattant les Anglais.

— J'ai entendu parler de cette histoire tragique, dit la reine. Ce fut donc votre fille qui suivit Julien, sur le champ de bataille et qui mourut de douleur sur son corps? Combien de moyens l'affection d'une femme ne trouve-t-elle pas pour faire son malheur! Cette histoire a servi plus d'une fois de sujet aux chants des ménestrels. Ainsi donc Roland est l'enfant qui fut laissé parmi les morts et les mourants! Henry, il est votre égal par le sang et la naissance.

— J'en conviendrais à peine, dit Henry, s'il était légitime. Mais s'il faut en croire l'histoire et la ballade, son père était un trompeur, et sa mère une fille fragile et crédule.

— De par le ciel, tu mens! s'écria Roland. En même temps il mit la main sur son épée, et Henry tira la sienne à demi hors du fourreau. La présence de lord Seyton, qui entra en ce moment dans l'oratoire, leur en imposa à tous deux. Il ne pouvait concevoir ce qui y retenait la reine si long-temps, et venait pour s'en informer.

— A mon secours, milord! s'écria la reine; séparez ces deux jeunes gens fougueux et indomptables.

— Comment, Henry, dit le baron, dans mon château et en présence de votre souveraine, vous ne pouvez réprimer votre arrogance et votre impétuosité! Et à qui cherchez-vous ainsi querelle? Que vois-je? mes yeux me trompent-ils? C'est le jeune homme qui me défendit si vaillamment contre les Leslies. Approchez, jeune homme : c'est bien lui. De par saint Bennet! voilà la chaîne et le médaillon dont je lui fis présent. Henry, si vous faites cas de ma bénédiction, vous le respecterez et le chérirez.

— Et si vous faites cas des ordres de votre reine, dit Marie; car il m'a rendu de grands services.

— Sans doute, madame, dit Henry : par exemple, quand il vous a porté la lettre de mon père dans le fourreau de cette épée! De par Dieu! il ne savait pas plus ce qu'il portait qu'un cheval de bagage.

— Mais moi qui le consacrai à cette œuvre, dit Magdeleine, moi par les avis et les efforts de qui l'héritière de ce royaume a vu rompre ses chaînes; moi qui ai risqué les jours du dernier rejeton d'une maison illustre pour cette noble entreprise, moi, du moins, je le savais, puisque j'en avais donné le conseil; moi qui ai déterminé le digne père Ambroise à prendre le casque, le jack et l'épée; moi qui ai décidé l'abbesse de Sainte-Catherine à consentir que sa nièce allât joindre sa reine ; moi qui n'ai cessé d'invoquer jour et nuit la Vierge, les saints et les anges pour la délivrance de Marie d'Écosse ; moi qui, malgré mon âge, en ai porté la nouvelle à lord Seyton avec la rapidité d'une flèche ; gracieuse souveraine, si vous croyez devoir m'attribuer quelque mérite, accordez-en la récompense à ce jeune homme. Ma mission est terminée. Vous êtes libre ; vous êtes entourée de vaillans et fidèles barons ; vous allez vous trouver à la tête d'une armée nombreuse : ma présence ne peut vous être utile, et pourrait vous nuire. C'est du Dieu des armées que dépendent maintenant vos succès.

— Vous ne nous quitterez pas ainsi, lui dit la reine, vous qui, comme je l'ai appris, avez fait jouer tant de ressorts en notre faveur, vous qui avez couru tant de dangers et pris tant de déguisemens pour tromper nos ennemis et confirmer dans le devoir nos sujets fidèles ; non, vous ne nous quitterez pas à l'instant où nous voyons renaître l'aurore de notre fortune, et avant que nous ayons eu le temps de vous connaître et de vous remercier.

— Vous ne pouvez connaître celle qui ne se connaît pas elle-même. Il y a des instans où ce corps de femme est doué de la force de celui qui chargea ses épaules des portes de Gaza ; où ce cerveau fatigué a la sagesse des plus habiles conseillers : et il en est d'autres où ma force n'est que faiblesse, où ma sagesse n'est que folie. J'ai parlé à des cardinaux et à des princes, oui, à des princes de votre propre maison de Lorraine : le ciel m'accordait alors le don de persuasion ; et aujourd'hui que j'aurais le plus besoin d'en faire usage, les expressions manquent à mes lèvres.

— Si je puis faire quelque chose qui vous soit agréable, dit la reine, vous n'avez pas besoin d'éloquence, il suffit que vous me l'indiquiez.

— Ma souveraine, répondit l'enthousiaste, je rougis qu'en ce moment solennel un mouvement de fragilité humaine agite celle dont les saints ont entendu les vœux, dont le ciel a béni les travaux pour la cause de la justice; mais cette faiblesse est inévitable tant que l'ame immortelle est enchaînée dans sa prison temporaire. Je céderai à cette faiblesse, ajouta-t-elle en versant quelques larmes, et ce sera la dernière.

Prenant alors la main de Roland, elle le conduisit près de la reine, et s'agenouillant devant elle en le forçant d'en faire autant : — Princesse, dit-elle, regardez cette fleur; un étranger charitable la trouva sur un champ de bataille tout sanglant. Il se passa bien du temps avant que mes yeux pussent voir, que mes bras pussent serrer tout ce qui me restait de ma fille unique. Pour l'amour de vous, pour l'intérêt de la foi sainte que nous professons tous deux, je confiai cette plante, bien jeune encore, à des mains étrangères, à des mains qui peut-être se seraient baignées avec plaisir dans son sang, si l'hérétique Glendinning avait su qu'il nourrissait dans sa maison l'héritier de Julien Avenel. Depuis ce temps, je ne l'ai revu que quelques heures, dans des temps de doute et de crainte, et maintenant je me sépare de l'enfant de toute ma tendresse pour toujours, oui, pour toujours. Au nom de tous les pas que j'ai faits pour votre cause tant en Écosse qu'en pays étranger, accordez votre protection à l'enfant qui va perdre celle qui lui a tenu lieu de mère.

— Je vous jure, dit la reine émue, que, pour vous

et pour lui, je me charge de son bonheur et de sa fortune.

— Je vous remercie, fille des rois, dit Magdeleine ; et elle pressa de ses lèvres, d'abord la main de la reine, et ensuite le front de son petit-fils. — Et maintenant, ajouta-t-elle en se relevant d'un air de dignité et en essuyant ses larmes, la terre a eu ce qui lui appartenait, et le ciel réclame le reste..... Lionne d'Écosse, marche à la victoire ! Si les prières d'une mortelle qui t'est dévouée peuvent être utiles à ta cause, elles s'élèveront vers le ciel en ta faveur de plus d'un endroit consacré par les reliques des saints dans des pays bien éloignés. J'irai de temple en temple et de contrée en contrée invoquer pour toi le maître de la nature ; et dans les régions où le nom même de l'Angleterre est inconnu, les prêtres se demanderont : Quelle est cette reine pour qui cette pèlerine fait des prières si ferventes ?..... Adieu ; que la prospérité sur la terre soit ton partage, si telle est la volonté de Dieu ! sinon, puisse le temps de pénitence qui te reste à passer ici-bas assurer ton bonheur éternel !..... Que personne ne me parle ! que personne ne me suive ! J'ai fait un vœu qui ne peut être rompu.

Elle disparut en prononçant ces dernières paroles, après avoir jeté un dernier regard sur son petit-fils. Roland voulait la suivre ; lord Seyton l'arrêta.

— Ne la contrariez pas, lui dit-il, si vous ne voulez la perdre pour toujours. Nous l'avons vue disparaître ainsi bien des fois, et jamais elle n'a manqué de se montrer de nouveau quand les circonstances et l'intérêt de la cause qu'elle a embrassée l'exigeaient. Je me flatte que nous la reverrons ; mais former quelque opposition à ses projets serait un crime qu'elle ne pardonnerait jamais. C'est certainement une sainte femme, consacrant ses jours à la prière et à la pénitence ; et, quoique les hérétiques la fassent passer pour folle, et qu'elle ait véritablement le cerveau exalté, elle a plus d'une fois donné un bon conseil.

— J'espère donc, milord, dit la reine, que vous m'aiderez à exécuter sa dernière requête.

— Quoi! à protéger mon jeune défenseur? Oui, sans doute, et de tout mon cœur..... c'est-à-dire en tout ce que Votre Majesté jugera qu'il soit possible et convenable de me demander..... Henry, tendez la main à Roland Avenel, car je présume que c'est le nom qu'il doit porter maintenant.

— Et il sera seigneur de la baronnie, dit la reine, si Dieu protège la justice de nos armes.

— Ce ne serait donc, s'écria Roland, que pour la rendre à ma première, à ma bonne protectrice, qui en jouit à présent. Plutôt rester toute ma vie sans domaines que d'être cause qu'elle perde un pouce des siens !

— Et vous voyez, dit la reine à lord Seyton, que ses sentimens sont dignes de sa naissance... Eh bien, Henry, vous ne lui avez pas encore offert la main ?

— La voici, dit Henry en la lui donnant avec les aprences de la cordialité. Mais il lui dit en même temps à voix basse : — Ne crois pas pour cela avoir encore celle de ma sœur.

— Maintenant, dit lord Seyton, Votre Majesté daignera-t-elle honorer notre déjeuner de sa présence ? Il est temps que les eaux de la Clyde réfléchissent nos bannières, et il faut que nous montions à cheval dans le plus court délai.

CHAPITRE XXXVII.

> « Dans ces temps orageux on a vu la couronne
> » Dépendre du hasard qui l'ôte ou qui la donne;
> » C'est l'enjeu du joueur, qui, risquant tout son or,
> » Le perd, puis le regagne, et le reperd encore. »
>
> Dryden. *Le Moine espagnol.*

Nous n'avons pas le projet d'entrer dans les détails historiques du règne de l'infortunée Marie, ni de faire le tableau de la manière dont ses partisans se rassemblèrent autour d'elle pendant la semaine qui suivit son évasion du château de Lochleven, et formèrent une armée de plus de six mille guerriers pleins d'ardeur et de courage. M. Chalmers, dans son excellente Histoire de la reine Marie, a si bien décrit depuis peu tous les événemens de cette époque mémorable, qu'il nous suffit d'y renvoyer nos lecteurs, en les assurant qu'ils y trouveront les renseignemens les plus complets et les plus satisfaisans. Il nous suffira de dire que, pendant que le quartier-général de Marie était à Hamilton, le régent avait, au nom du roi, assemblé une autre armée à Glascow. Elle n'était pas aussi nombreuse que celle de la reine; mais elle était formidable par les talens militaires de Murray, de Morton, du laird de Grange et d'autres chefs qui, depuis leur jeunesse, avaient toujours fait la guerre en Écosse et en pays étranger.

En pareilles circonstances, la politique exigeait évidemment que la reine évitât le combat, parce que, sa personne étant une fois en sûreté, le nombre de ses partisans ne pouvait qu'augmenter tous les jours, au lieu que les forces de ses adversaires devaient diminuer rapidement, tant par la désertion que par la désunion qui se mettrait entre eux, comme cela était déjà arrivé plusieurs fois sous son règne. Ses conseillers en étaient si bien convaincus, qu'ils avaient résolu de commencer par placer la reine dans le fort de Dumbarton, pour y attendre les événemens, l'arrivée des secours de France, et les levées qu'on faisait pour elle dans toutes les provinces d'Écosse. En conséquence, les ordres furent donnés pour que l'armée se mît en marche. On déploya l'étendard royal, la cavalerie et l'infanterie se dirigèrent vers Dumbarton, pour y installer la reine en dépit de ses ennemis.

Ce fut dans la plaine d'Hamilton qu'eut lieu la revue des troupes, qui défilèrent avec toute la pompe des temps féodaux, aux sons d'une musique militaire, bannières et drapeaux déployés. La reine, placée au centre de l'armée, inspirait la confiance et l'enthousiasme à ses défenseurs. Elle était accompagnée de lady Fleming, de miss Seyton et de plusieurs autres dames qui étaient venues la joindre, et elle avait une garde spécialement chargée de veiller à sa sûreté, et dont Henry Seyton et Roland faisaient partie. Plusieurs ecclésiastiques avaient joint l'armée, et la plupart d'entre eux ne se faisaient point scrupule de porter les armes pour la défense de la religion et de la reine. Roland cherchait en vain parmi eux l'abbé de Sainte-Marie. Il ne l'avait pas revu depuis la nuit de leur arrivée au château de West-Niddrie. Ce ne fut qu'au moment du départ qu'il le vit reparaître près de la reine, mais en costume religieux.

— Nous avons repris tous deux le costume qui nous convenait, mon fils, lui dit l'abbé. Votre front avait droit à la branche de houx, et j'attendais depuis long-temps l'instant où je pourrais vous la voir porter en vertu de votre naissance.

— Vous saviez donc qui j'étais, mon père ?

— Votre aïeule m'avait confié ce secret, mais sous le sceau de la confession, et je devais le garder jusqu'à ce qu'elle le révélât elle-même.

— Et quel était son motif pour en faire un mystère ?

— La crainte de mon frère, crainte mal fondée, car, pour un empire, Halbert ne voudrait pas faire tort à un orphelin. D'ailleurs c'est à tort que Magdeleine Græme le regarde comme usurpateur de vos droits. Les domaines d'Avenel n'étaient pas substitués de mâle en mâle ; Julien, votre père, les avait lui-même injustement usurpés sur sa nièce, fille de son frère aîné, et elle les possède à juste titre.

— Puisse-t-elle les posséder long-temps ! s'écria vivement Roland. Que son titre soit valide ou non, ce n'est pas moi qui le lui contesterai jamais. Mais avez-vous quelque moyen de prouver que mon père ait rendu justice à ma mère; que je n'aie pas à rougir de ma naissance?

— Je sais que les Seyton ont conçu des doutes sur ce point; mais, d'après ce que m'a dit notre ancien abbé, le père Boniface, je ne crois pas qu'il se trouve une tache sur votre écusson.

— Et que vous a-t-il dit, mon père? que vous a-t-il dit? Mettez-moi en état de faire cette preuve, et ma vie sera trop courte pour vous témoigner.....

— Fougueux jeune homme! je ne ferais qu'exciter ton impatience en te donnant des espérances qui ne seront peut-être jamais réalisées. Est-ce le moment de s'en occuper? Songe aux dangers auxquels va nous exposer le voyage que nous entreprenons; et, si ta conscience te fait quelques reproches, profite de la seule occasion peut-être que le ciel veuille t'offrir pour la confession et l'absolution.

— Il sera temps de s'en occuper lorsque nous serons arrivés à Dumbarton.

— Hélas! tu chantes déjà victoire comme les autres; mais nous ne sommes pas encore à Dumbarton : nous pouvons trouver un lion qui nous en barre le chemin.

— Un lion! Vous voulez dire Murray, Mortou, et les autres rebelles de Glascow? Ha! ha! ils n'oseront pas même regarder l'armée royale.

— C'est ainsi que parlent tous ceux qui ne sont pas plus sages que toi, s'écria l'abbé. J'arrive des comtés du midi, où j'ai déterminé plusieurs chefs à armer leurs vassaux pour venir joindre les étendards de la reine; j'avais laissé ici des guerriers sages et prudens, et je les retrouve pleins de folie et de présomption : par amour-propre, par vaine gloire, ils veulent faire passer la reine comme en triomphe sous les murs de Glascow, à la vue de l'armée ennemie! Le ciel sourit rarement à une confiance si déplacée. Nous serons attaqués, et l'on aurait pu l'éviter.

— Tant mieux! dit Roland, un champ de bataille fut mon berceau.

— Prenez garde qu'il ne soit aussi votre lit de mort, répondit l'abbé. Mais à quoi bon chercher à faire sentir à des louveteaux les dangers de la chasse? Peut-être avant la fin de cette journée reconnaîtrez-vous quels sont les hommes que vous méprisez si inconsidérément.

— Et qui sont donc ces hommes? dit Henry Seyton, qui arrivait en ce moment près d'eux. Leurs nerfs sont-ils de cuivre? leur chair est-elle de fer? Sont-ils à l'épreuve du plomb et de l'acier? si les balles peuvent les percer, et le tranchant du sabre les entamer, ils ne sont guère à craindre pour nous.

— Ce sont des hommes pervers, répondit l'abbé; mais le métier de la guerre n'exige pas des saints. Murray et Morton sont connus comme les deux meilleurs généraux de l'Écosse; jamais on n'a vu reculer Lindesay et Ruthven; Kirkaldi de Grange a été nommé par le connétable de Montmorency le premier soldat de l'Europe; mon frère même, que je vois avec regret porter les armes pour une telle cause, a fait ses preuves depuis long-temps.

— Fort bien! fort bien! s'écria Seyton d'un air de triomphe; nous verrons tous ces traîtres en face. Notre cause est la meilleure; nous avons l'avantage du nombre, nous ne leur cédons ni en vigueur ni en courage. Saint Bennet! et en avant!

L'abbé ne répliqua rien, et resta absorbé dans ses réflexions. Son inquiétude sembla même se communiquer à Roland, qui, chaque fois qu'une éminence se rencontrait sur la route, jetait un regard inquiet vers les tours lointaines de Glascow, comme s'il se fût attendu à en voir sortir l'ennemi. Ce n'était pas qu'il craignît le combat; mais les conséquences en étaient si importantes pour son pays, pour sa souveraine et pour lui-même, que cette idée, sans amortir le feu de son enthousiasme, semblait lui donner une lueur plus sombre. L'amour, l'honneur, la renommée, la fortune, tout semblait dépendre de l'issue d'un seul combat, peut-être imprudemment hasardé, mais qui paraissait devenir inévitable.

Quand enfin l'armée se trouva sur une ligne parallèle à la ville de Glascow, on vit que les hauteurs qu'on avait en face étaient déjà occupées par une armée rangée, comme celle de Marie, sous la bannière royale d'Écosse, et que des colonnes d'infanterie et des escadrons de cavalerie sortaient à la hâte des portes de la ville et se dirigeaient vers le même point. Plusieurs estafettes arrivèrent de l'avant-garde pour annoncer que Murray était en campagne avec toute son armée; que son but paraissait être de mettre obstacle au passage de la reine, et qu'il avait évidemment le projet de hasarder une bataille. Ce fut alors que le courage des soldats fut soumis à une épreuve aussi soudaine que sévère, et que ceux qui avaient eu la présomption de croire qu'on n'oserait leur disputer le passage se trouvèrent un peu déconcertés quand ils se virent tout à coup en face d'un ennemi déterminé, et presque sans avoir le temps de délibérer sur ce qu'ils avaient à faire. Les chefs se rassemblèrent sur-le-champ autour de la reine, et tinrent à la hâte un conseil de guerre. Les lèvres tremblantes de Marie trahirent ses alarmes; en vain elle s'efforçait de les cacher sous un air de calme et de dignité : tous ses efforts furent rendus impuissans par le souvenir de la journée de Carberry-Hill, dernier combat livré pour elle, et dont l'issue avait été si désastreuse. Cette idée l'occupait tellement, qu'avec l'intention de demander à ses nobles quelles dispositions ils croyaient devoir prendre pour la bataille, elle leur demanda s'il y avait quelque moyen de l'éviter.

— De l'éviter! s'écria lord Seyton : quand nous nous trouverons un contre dix en présence des ennemis de Votre Majesté, je pourrai songer à les éviter; mais quand nous sommes trois contre deux....

— Au combat! au combat! s'écrièrent tous les chefs; nous chasserons les rebelles de la position avantageuse qu'ils occupent : le lévrier poursuit le lièvre sur la colline comme dans la plaine.

— Nobles seigneurs, dit l'abbé Ambroise, il me semble qu'il serait plus prudent de chercher à leur ôter cet avantage. Nous devons passer sous le village de Langside, situé sur cette hauteur, et le parti qui aura le bonheur de s'en emparer le premier pourra s'y défendre, grace aux enclos et aux jardins qui s'y trouvent, et commandera la route.

— Le révérend père a raison, dit la reine; partez, lord Seyton, faites hâte, et tâchez d'y arriver avant les ennemis.

— Votre Majesté me fait honneur, répondit lord Seyton; je pars à l'instant, et je m'emparerai du poste.

— Pas avant moi, milord, s'écria lord Arbroath;

songez que j'ai le commandement de l'avant-garde.

— Avant vous et avant tous les Hamiltons d'Écosse, répondit lord Seyton, puisque la reine m'en a donné l'ordre. — Amis et vassaux, suivez-moi. Saint Bennet ! et en avant !

— A moi, mes nobles parens, mes nobles hommes d'armes, s'écria lord Arbroath, et voyons à qui appartiendra le poste d'honneur. Dieu et la reine Marie !

— Malheureuse précipitation ! fatale contestation de zèle ! dit l'abbé en les voyant courir vers la hauteur à l'envi l'un de l'autre, sans songer à ranger en bon ordre les soldats qui les suivaient, et dont l'exemple entraîna toute l'armée. Eh bien ! continua-t-il en voyant Henry Seyton et Roland Avenel se disposer à partir comme les autres, qu'allez-vous faire ? Avez-vous dessein de laisser la personne de la reine sans gardes ?

— Roland, Seyton, s'écria Marie, ne m'abandonnez pas ! Assez de guerriers vont prendre part au combat ; ne me privez pas de ceux sur qui je compte pour ma sûreté.

— Nous ne pouvons quitter la reine, dit Roland à Henry en arrêtant son cheval prêt à partir.

— Je ne doutais pas que ce ne fût votre avis, répondit Henry en lui jetant un regard de mépris.

Roland ne répliqua rien ; mais, se mordant les lèvres jusqu'au sang, il poussa son cheval du côté de Catherine, et il lui dit à voix basse : — Je n'ai jamais rien fait qui me rende digne de vous ; mais je viens de m'entendre accuser de lâcheté, et mon épée est restée dans le fourreau pour l'amour de vous.

— Il y a parmi nous un esprit de vertige, s'écria-t-elle : mon père, mon frère et vous, vous semblez tous privés de raison. Vous ne devriez penser qu'à cette pauvre reine, et vous ne songez qu'à être jaloux les uns des autres. Il n'y a parmi vous qu'un seul vrai militaire, un seul homme de bon sens, et c'est l'abbé de Sainte-Marie. Révérend père, lui dit-elle, ne serait-il pas à propos de nous retirer à l'ouest, pour y attendre que la volonté de Dieu se déclare, au lieu de rester ici, où nous ne faisons que gêner le passage de l'arrière-garde?

— Ce serait le parti le plus sage, ma fille, répondit l'abbé; mais il nous faudrait un guide qui pût nous indiquer un lieu de sûreté pour la reine. Nos nobles courent au combat, et pas un d'eux ne pense à celle pour qui il va combattre.

— Suivez-moi, dit un chevalier bien monté, couvert d'une armure noire, dont le bouclier ne portait ni armoiries ni devise, et qui avait la tête couverte d'un casque dont la visière était baissée.

— Nous ne pouvons suivre un inconnu, répondit l'abbé, sans avoir quelque garantie de sa fidélité.

— La reine m'en servira, répondit-il.

Marie semblait avoir pris racine à l'endroit où elle se trouvait; et cependant, malgré ses craintes, elle saluait, souriait, faisait un geste de la main, à mesure que chaque troupe, se hâtant d'aller joindre Seyton ou Arbroath, défilait devant elle, et lui rendait les honneurs militaires. Mais à peine le chevalier noir lui eut-il dit quelques mots à l'oreille, qu'elle sortit de son apathie, fit un signe de consentement, et lâcha la bride à Rosabelle; puis, quand, prenant un ton d'autorité, il eut dit à haute voix : — Messieurs, la reine ordonne que vous me suiviez, elle s'écria avec une sorte d'empressement : — Oui, oui, je l'ordonne.

Tout se mit en mouvement à l'instant; et le chevalier noir, ayant établi le meilleur ordre possible dans la petite escorte qui restait à la reine, se mit en tête de la cavalcade, et la dirigea vers un château situé sur une hauteur d'où l'on pouvait découvrir le village qu'il s'agissait d'occuper, et qui paraissait devoir être bientôt un champ de bataille.

— A qui appartient ce château? demanda l'abbé au chevalier noir. Êtes-vous sûr que nous n'y trouverons que des amis?

— Il est inhabité, répondit l'inconnu. Mais dites à ces jeunes gens, si attentifs au mouvement des troupes, de se hâter davantage : ce n'est pas le moment de satisfaire une vaine curiosité ; et ils n'ont pas besoin de voir le commencement d'une action à laquelle ils ne sont pas destinés à prendre part.

— Je n'en suis que plus fâché, dit Henry, qui l'avait entendu. J'aimerais mieux être en ce moment sous la bannière de mon père que d'être fait chambellan d'Holyrood pour avoir rempli avec patience mon devoir actuel de garde d'honneur.

— Une place sous la bannière de votre père ne tardera pas à être dangereuse, dit Roland, qui, tout en pressant son cheval, avait toujours la tête tournée vers les deux armées; car je vois s'avancer du côté de l'est un corps nombreux de cavalerie qui atteindra le village avant que lord Seyton puisse y arriver.

— Ce n'est que de la cavalerie, dit Henry en regardant du même côté, et sans arquebuses elle ne pourra se maintenir dans le village.

— Faites-y plus d'attention, répondit Roland, et vous verrez que chaque cavalier a en croupe un arquebusier.

— Il a raison, de par le ciel ! s'écria le chevalier noir. Il faut qu'un de vous coure à toutes brides en donner avis à lord Seyton et à lord Arbroath, afin qu'ils ne s'engagent pas dans le village sans attendre l'infanterie.

— C'est à moi à m'en charger, dit Roland, puisque c'est moi qui ait découvert le stratagème de l'ennemi.

— Ne vous en déplaise, s'écria Seyton, il s'agit de la bannière de mon père, et c'est à son fils à lui porter secours.

— Je m'en rapporterai à la décision de la reine, répondit Roland.

— Eh bien, qu'y a-t-il donc? dit la reine : Marie Stuart n'a-t-elle pas là-bas une armée d'ennemis assez nombreuse ? faut-il que ses amis mêmes soient sans cesse divisés entre eux ?

— Madame, dit Roland, la seule contestation qui existe en maître Henry Seyton et moi, c'est pour savoir lequel de nous quittera votre personne pour porter à l'armée un avis très-important. Il prétend que son rang lui donne le droit d'en être chargé, et je soutiens que je dois plutôt être exposé au danger, parce que personne n'est de moindre importance.

— S'il faut qu'un de vous me quitte, dit la reine, que ce soit Seyton.

Fier de cette décision, qu'il regarda comme un triomphe, Henry salua la reine, s'affermit sur sa selle, secoua sa lance d'un air joyeux, et, pressant de ses éperons les flancs de son coursier, partit au grand galop pour rejoindre la bannière de son père, franchissant les haies et les fossés qui s'opposaient à son passage.

— Mon père! mon frère! s'écria Catherine : les voilà exposés à tous les périls tandis que je suis ici en sûreté!

— Plût au ciel que je fusse avec eux, dit Roland, et que je pusse racheter une goutte de leur sang au prix de tout le mien !

— Ne sais-je pas que vous le feriez ? s'écria Catherine. Une femme dit-elle à un homme ce que je vous ai presque dit, si elle le croit susceptible de crainte ou de faiblesse ? Il y a dans ces sons guerriers, précurseurs de la bataille, quelque chose qui me plaît tout en m'effrayant. Je voudrais être homme pour pouvoir goûter cet étrange plaisir sans mélange de terreur !

— Avancez, miss Seyton, avancez, s'écria l'abbé comme ils arrivaient près des murs du château ; venez aider lady Fleming à soutenir votre reine défaillante.

La petite troupe fit halte ; on descendit Marie de cheval, et on voulut la transporter au château.

— Non ! non ! s'écria-t-elle d'une voix faible. Point là ! point là ! jamais je n'entrerai dans ces murs !

— Soyez reine, madame, dit l'abbé, et oubliez que vous êtes femme.

— Il faut que j'oublie bien autre chose, dit-elle à demi-voix, avant que je puisse revoir d'un œil ferme des lieux..... L'excès de son émotion ne lui permit pas d'en dire davantage.

— C'est le château de Crookstone, dit lady Fleming à voix basse. C'est là que la reine tint sa première cour après son mariage avec Darnley, qui fut ensuite assassiné (1).

— La main du ciel s'appesantit sur nous ! lui répondit l'abbé. Madame, dit-il à la reine, armez-vous de courage ; vos ennemis sont ceux de la sainte Église, et Dieu

(1) Voyez les *Vues pittoresques d'Écosse*. Éd.

va décider aujourd'hui si l'Écosse sera catholique ou hérétique.

Le bruit d'une décharge d'artillerie qui suivit ce peu de paroles annonça le commencement de l'action, et fit plus d'effet sur l'esprit de la reine que n'en aurait produit l'exhortation de l'abbé.

— Vers cet arbre, dit-elle en montrant un gros if situé sur une hauteur voisine du château ; je le connais : de là vous avez une vue aussi étendue que du pic de Schehallion.

Et à l'instant, quittant les bras qui la soutenaient, elle s'avança d'un pas rapide et déterminé vers l'endroit qu'elle venait de désigner. L'abbé, Catherine et Roland l'accompagnèrent, tandis que lady Fleming retenait à quelque distance le reste de la suite. Le chevalier noir suivait aussi la reine, comme l'ombre suit le corps, mais toujours à quatre ou cinq pas en arrière. Il avait les bras croisés sur la poitrine, tournait le dos à la bataille, et ne semblait occupé qu'à regarder Marie à travers la visière de son casque. La reine, sans faire attention à lui, fixait les yeux sur l'arbre, dont les rameaux ombrageaient ce lieu.

— Eh bien, dit-elle, comme si la vue de l'if eût détourné le cours de ses pensées et surmonté l'horreur que lui avait inspirée le voisinage du château de Crookstone, te voilà aussi vert, aussi majestueux que jamais, quoique tu entendes aujourd'hui des bruits de guerre au lieu des sermens d'amour ! Hélas ! tout a disparu depuis que je ne t'ai vu, amour et amant, sermens et celui qui les prononçait, roi et royaume. Eh bien ! digne abbé, que me direz-vous du combat ? J'espère que la fortune se déclare pour nous ? Et cependant, de l'endroit où je suis, Marie peut-elle s'attendre à voir autre chose que des malheurs?

Chacun avait les yeux fixés sur le champ de bataille; mais tout ce qu'il était possible de distinguer, c'était que l'on combattait avec acharnement; et des décharges multipliées de mousqueterie annonçaient qu'aucun des deux partis n'avait encore cédé la victoire à l'autre.

— Combien d'ames ce redoutable tonnerre ne précipite-t-il pas dans les abimes de l'éternité! dit l'abbé. Que ceux qui sont enfans de la sainte Église joignent leur voix à la mienne pour adresser nos humbles prières au Dieu des armées.

— Pas ici, s'écria l'infortunée Marie; ne priez pas ici, ou priez tout bas. Mon esprit est trop déchiré par le souvenir du passé, par la crainte du présent, par l'inquiétude sur l'avenir, pour oser s'approcher en ce moment du trône céleste; et si vous priez, priez pour celle dont les affections du cœur ont été les plus grands crimes, et qui n'a cessé d'être reine que parce qu'elle n'a pu oublier qu'elle était femme.

— Ne serait-il pas à propos, dit Roland, que je m'approchasse davantage du champ de bataille, afin de vous rapporter des nouvelles certaines du combat?

— Oui, vraiment, dit l'abbé; car si nos amis sont vaincus, notre fuite ne peut être trop prompte. Mais surtout ne vous exposez pas; songez que plus d'une vie dépend de votre retour.

— N'allez pas trop près, dit Catherine; mais tâchez de voir comment se comportent les Seytons.

— Ne craignez rien, dit Roland, je verrai tout, et je serai sur mes gardes. Et, sans attendre de réponse, il courut vers le village de Langside, marchant autant qu'il le pouvait de colline en colline, et ayant soin de regarder autour de lui, de crainte de rencontrer quelque détachement ennemi. A mesure qu'il approchait, le bruit de la mousqueterie retentissait à ses oreilles avec plus de force, et il sentait ce battement de cœur, ce mélange naturel de crainte, d'inquiétude et de curiosité qu'éprouvent même les hommes les plus braves quand ils s'avancent seuls vers un lieu où se passe une scène intéressante et dangereuse.

Enfin il arriva sur une hauteur couverte d'un bois taillis qui le dérobait à tous les yeux, et d'où il dominait sur le village et tous les environs. Presque à ses pieds était un chemin creux par où l'armée de la reine s'était avancée avec plus de courage que de prudence afin d'occuper ce poste important. Mais les ennemis, sous les ordres de Kirkaldy de Grange et du comte Morton, s'en étaient déjà emparés, et n'avaient pas moins d'ardeur pour s'y maintenir que les troupes de la reine n'en montraient pour les en déloger.

Les deux partis se disputaient le terrain pied à pied avec une opiniâtreté sans égale; et les cris: Dieu et la reine! Dieu et le roi! retentissaient de toutes parts, tandis qu'au nom de leurs souverains des concitoyens s'entr'égorgeaient, et, au nom du Créateur, massacraient les créatures faites à son image. Au milieu du tumulte, on entendait la voix des chefs qui donnaient leurs ordres, celle des soldats qui répétaient le cri de ralliement de chaque troupe, les plaintes et les gémissemens des blessés et des mourans. Ceux qui tombaient, remplacés sur-le-champ par d'autres, étaient foulés sous les pieds de leurs compagnons comme sous ceux de leurs ennemis. Ceux qui ne pouvaient arriver au premier rang tiraient des coups de mousquet et de pistolet par-dessus la tête de leurs camarades, et lançaient contre leurs adversaires les tronçons d'armes brisées qu'ils ramassaient.

Le combat durait depuis près d'une heure : les forces des deux partis semblaient épuisées, mais leur courage ne l'était point, quand tout à coup Roland vit déboucher une colonne d'infanterie conduite par quelques cavaliers, et qui, ayant tourné la hauteur sur laquelle il se trouvait, attaqua en flanc l'armée de la reine. Le premier coup d'œil lui apprit que ce mouvement était dirigé par son ancien maître, le chevalier d'Avenel; le second, qu'il déciderait du sort de la bataille, ce qui fut l'affaire d'un instant.

Le corps d'armée de la reine, fatigué par de longs efforts, et se trouvant attaqué en flanc par des troupes fraîches qui n'avaient encore pris aucune part à l'action, ne put résister à leur impétuosité. Ses rangs furent rompus; le désordre s'y introduisit, et il fut repoussé du village dont il avait inutilement voulu s'emparer. En vain les chefs criaient à leurs soldats de tenir ferme; en vain résistaient-ils encore eux-mêmes quand la résistance ne pouvait plus être utile : la déroute fut complète; les uns furent tués sur le champ de bataille; les autres furent entraînés par les fuyards.

Roland, à cette vue, sentit qu'il ne lui restait qu'à tourner bride, et à rejoindre la reine pour veiller à sa sûreté. Mais il oublia tout quand il vit, au pied de la hauteur sur laquelle il se trouvait, Henry Seyton, séparé de son parti, et tout couvert de sang, se défendant contre trois ou quatre ennemis qui s'étaient détachés pour le poursuivre. Il descendit la colline au grand galop, renversa un des adversaires de Henry par l'impétuosité de son cheval, en terrassa un second d'un coup d'épée, et mit en fuite les deux autres, effrayés de ce secours inattendu.

Tendant alors la main à Seyton : — Nous vivrons ou mourrons ensemble, lui dit-il ; mais tâchons de nous écarter de cet endroit dangereux.

Seyton saisit le cheval de Roland par la crinière, mais ses jambes lui refusèrent le service, et il tomba sur le gazon. — Ne songez plus à moi, lui dit-il ; c'est ma première et dernière bataille. J'en ai déjà trop vu pour désirer en voir davantage. Ne songez qu'à sauver la reine. Rappelez-moi à Catherine ; vous ne la confondrez plus avec moi : ce dernier coup d'épée vient de mettre entre nous une distinction ineffaçable.

— Du courage, Henry! faites un dernier effort. Je vais vous aider à monter sur mon cheval, et je retournerai à pied. Ayez seulement soin de vous diriger vers l'ouest, et fiez-vous à sa vitesse.

— Nul cheval ne me portera plus, Roland. Adieu ; je vous aime mieux en mourant que pendant ma vie. Je voudrais n'avoir pas répandu le sang de ce vieillard. Partez! — *Sancte Benedicite, ora pro me.* — Je me meurs; sauvez la reine.

Il expira en prononçant ces derniers mots, qui rappelèrent à Roland les devoirs qu'il avait à remplir; mais il n'était pas le seul qui les eût entendus.

— La reine! où est la reine? s'écria sir Halbert Glendinning, qui arrivait suivi de deux ou trois hommes d'armes. Roland ne lui répondit point; et, comptant sur la vitesse de son cheval, il lui lâcha la bride, lui fit sentir l'éperon, et partit au grand galop, se dirigeant vers le château de Crookstone. Plus pesamment armé, et monté sur un cheval déjà fatigué, le chevalier d'Avenel, qui le poursuivait la lance haute, perdait du terrain, et cherchait à l'arrêter par les reproches qu'il lui adressait, l'appelant lâche, poltron, et lui demandant de quel droit il portait sur son casque une branche de houx qu'il déshonorait en fuyant ainsi.

Mais Roland, qui n'avait nulle envie de combattre son ancien maître, et qui savait d'ailleurs que la sûreté de la reine dépendait de sa diligence, ne répondit pas un mot aux reproches de sir Halbert, et continua de profiter de l'avantage que lui donnait la bonté de son coursier. Dès qu'il aperçut la petite troupe de la reine, et qu'il fut à portée de s'en faire entendre : — L'ennemi ! s'écria-t-il, l'ennemi ! à cheval les dames, aux armes les hommes !

Faisant alors tourner rapidement son cheval, il évita adroitement le choc de sir Halbert Glendinning ; et, attaquant le premier des hommes d'armes qui le suivaient, il lui porta un coup de lance si vigoureux qu'il lui fit vider les arçons. Cependant le chevalier noir s'élançait contre sir Halbert, et ils se rencontrèrent avec tant de force que les chevaux et les cavaliers en furent renversés. Ni l'un ni l'autre ne se releva. Le chevalier noir avait été percé de part en part par la lance de son antagoniste, et celui-ci, étourdi par sa chute, accablé sous le poids de son cheval, ne semblait guère en meilleur état que celui qu'il avait mortellement blessé.

— Rendez-vous, chevalier d'Avenel, dit Roland, qui, ayant mis un second homme d'armes hors de combat, était revenu sur ses pas pour se rapprocher de la reine.

— Il faut bien que je me rende, répondit sir Halbert, puisque je suis hors d'état de combattre; mais je rougis de me rendre à un lâche comme toi.

— Ne m'appelez pas lâche, s'écria Roland en levant la visière de son casque, et en aidant sir Halbert à se relever : sans le souvenir de vos anciennes bontés pour moi, et surtout de celles de votre épouse, vous auriez vu que je ne crains de rencontrer personne.

— Le page favori de ma femme! s'écria sir Halbert avec surprise. Malheureux jeune homme, j'ai appris ta trahison à Lochleven.

— Ne l'appelez pas traître, mon frère, dit l'abbé : il n'a été que l'instrument des volontés du ciel.

— A cheval! à cheval! s'écria Catherine, je vois nos troupes fuir dans toutes les directions : les ennemis les poursuivent; ils peuvent venir de ce côté; nous sommes perdus si nous tardons un instant. A cheval, Roland! à cheval, madame! Nous devrions déjà avoir fait plus d'un mille.

— Regardez ces traits, dit Marie à Catherine en lui montrant le chevalier mourant, dont une main compatissante avait détaché le casque, et dites-moi si celle qui causa la ruine de tout ce qui lui est attaché doit faire un pas de plus pour éviter la sienne.

Le lecteur doit avoir prévu depuis long-temps que le chevalier noir n'était autre que George Douglas, qui, ne voulant pas prendre part à un combat dans lequel il trouverait pour ennemis son père et tous ses parens, avait pris ce déguisement pour veiller à la sûreté de la reine.

— Regardez-le, regardez-le bien, dit Marie : tel a été le sort de tous ceux qui ont aimé Marie Stuart! A quoi ont servi à François sa royauté, à Chatelet son esprit, au galant Gordon sa puissance, à Rizzio son chant mélodieux, à Darnley sa jeunesse et sa beauté, à Bothwell sa force et son audace, et aujourd'hui au noble Douglas son généreux dévouement! Rien n'a pu les sauver! Ils ont aimé l'infortunée Marie, et c'était un crime digne de mort! A peine la victime jetait-elle sur moi un regard d'affection, que la coupe empoisonnée, la hache, le poignard, la mine, s'apprêtaient à la punir de m'avoir accordé une seule pensée! Non, je n'irai par plus loin; qu'on ne m'importune pas! je ne puis mourir qu'une fois, et je veux mourir ici!

Tandis qu'elle parlait ainsi, ses larmes tombaient sur le visage du mourant, qui, fixant sur elle des yeux encore brillans du feu d'une passion que la mort même ne pouvait éteindre, lui dit d'une voix faible : — Ne me plaignez pas! songez à votre sûreté! Je suis heureux, je meurs en Douglas et regretté de Marie Stuart.

A peine avait-il prononcé ces mots qu'il rendit le dernier soupir, les yeux toujours fixés sur la reine; et Marie, dont le cœur était plein de cette sensibilité qui, dans une condition privée, aurait assuré le bonheur d'un époux digne d'elle, continuait à pleurer sur son corps. Mais l'abbé Ambroise crut devoir la rappeler à elle-même par une remontrance un peu hardie.

— Et nous aussi, madame, lui dit-il, nous qui nous sommes dévoués à votre cause, nous avons des parens et des amis qui nous demandent des larmes. Je laisse ici un frère blessé; l'époux de lady Fleming, le père et les frères de miss Seyton, ont peut-être perdu la vie pour votre service; et tandis que nous oublions ceux qui nous sont si chers pour ne songer qu'à notre reine, elle est trop occupée de ses propres chagrins pour donner une pensée aux nôtres.

— Je ne mérite pas ce reproche, mon père, dit la reine en essuyant ses larmes; mais j'y suis sensible. Où voulez-vous que j'aille? que faut-il que nous fassions?

— Il faut fuir, répondit l'abbé, et fuir à l'instant. Dire où nous irons, ce n'est pas une chose aussi facile; mais nous pourrons y réfléchir chemin faisant. Allons, qu'on aide la reine à monter à cheval, et partons.

Roland resta un moment en arrière pour aider le chevalier d'Avenel à gagner le château de Crookstone, et pour lui dire qu'il lui rendait sa liberté sans autre condition que sa parole d'honneur de garder le secret sur la direction que prenait la reine dans sa fuite. Comme il le quittait, il reconnut les traits d'Adam Woodcock, qui le regardait avec une expression de surprise qui l'aurait fait rire dans tout autre moment. Adam était le premier homme d'armes qu'il avait désarçonné, et ils se reconnurent en ce moment, Roland ayant levé sa visière, comme nous l'avons déjà dit, et Woodcock s'étant débarrassé de son casque pour secourir son maître plus facilement. Roland ne manqua pas de jeter quelques pièces d'or dans ce casque, qui était par terre; et, faisant à l'honnête fauconnier un signe d'amitié, il partit au grand galop pour rejoindre la reine.

—Ce n'est, ma foi! pas de la fausse monnaie, dit Adam en ramassant les pièces d'or; et c'est bien M. Roland en personne: le même bon cœur, et, de par Notre-Dame! la même promptitude à jouer des mains. Milady sera charmée d'avoir de ses nouvelles, car elle l'aime comme s'il était son fils. Mais comme il est équipé! Ces jeunes gens si vifs se trouvent partout ; c'est comme la mousse qui monte toujours à la surface d'un pot de bière. Mais nous autres, qui sommes plus solides, tâchons de rester fauconniers. Et il entra dans le château de Crookstone pour prendre les ordres de son maître.

CHAPITRE XXXVIII.

» Ma terre natale, adieu. »
Lord Byron.

La perte de ses belles espérances, la crainte de l'avenir, le regret de la perte de tant de braves partisans, firent, pendant sa fuite, verser bien des larmes à la reine. La mort du jeune Seyton, celle du brave Douglas, semblaient avoir affecté cette princesse au point de lui faire oublier le trône sur lequel elle avait espéré de remonter. Catherine dévorait ses chagrins, et ne songeait qu'à soutenir l'esprit abattu de sa maîtresse. L'abbé, portant ses pensées inquiètes sur l'avenir, cherchait en vain à former quelque plan qui offrît une ombre d'espérance. Roland seul conservait son courage et sa vivacité.

— Votre Majesté a perdu une bataille, dit-il à la reine : un de vos ancêtres, Bruce, en a perdu sept avant de s'asseoir sur le trône; et ce fut en triomphant enfin à Bannock-Burn qu'il proclama l'indépendance de son pays. Ces bruyères sauvages que nous traversons ne valent-elles pas mieux que le château de Lochleven? Nous sommes libres; il y a dans ce mot de quoi nous consoler de toutes les pertes.

— Plût à Dieu que je fusse encore à Lochleven! dit Marie, je n'aurais pas vu les rebelles massacrer les fidèles sujets qui bravaient la mort pour moi. Ne me parlez pas de faire de nouveaux efforts; ils n'aboutiraient qu'à sacrifier les amis qui me restent, et vous-même qui m'y engagez. Je ne voudrais pas souffrir de nouveau ce que j'ai souffert quand, du haut de cette montagne, j'ai vu le sabre des cavaliers de Morton moissonner mes fidèles Seytons, mes braves Hamiltons; pour tous les domaines qu'entourent les mers de la Grande-Bretagne, je ne voudrais pas sentir encore ce que j'ai senti quand Douglas, expirant pour Marie Stuart, a teint ma robe de son sang. Trouvez-moi une retraite où je puisse cacher une malheureuse princesse qui cause la perte de tout ce qui lui est attaché : c'est le dernier service que Marie Stuart réclame de ses amis.

Ce fut avec cet accablement d'esprit que la reine, qui avait été jointe dans sa fuite par lord Herries et quelques autres seigneurs, arriva à l'abbaye de Dundrennan, après avoir fait soixante milles sans descendre de cheval. Dans cette partie retirée du Galloway, les réformés avaient moins persécuté les moines. Ceux de Dundrennan habitaient leurs cellules; et le prieur, les larmes aux yeux, vint respectueusement recevoir la reine à la porte du couvent.

— Je vous amène la destruction, mon bon père, dit la reine fugitive tandis qu'on l'aidait à descendre de cheval.

— Elle est la bien-venue, répondit le prieur, puisqu'elle est accompagnée du devoir.

La reine, soutenue par lady Fleming et miss Seyton, allait entrer dans le couvent, quand jetant un regard sur Rosabelle, qui, épuisée de fatigue et baissant la tête, semblait partager l'affliction de sa maîtresse.

— Mon bon Roland, dit-elle, veillez à ce qu'on ait soin de Rosabelle. Interrogez votre cœur, ajouta-t-elle en baissant la voix; il vous dira pourquoi je m'occupe d'un tel soin, même dans un semblable moment.

On la conduisit dans un appartement du couvent. Le petit nombre de nobles qui restaient près d'elle y tinrent conseil sur le parti qu'il convenait de prendre: la fatale résolution d'une retraite en Angleterre fut enfin adoptée, et un messager fut envoyé au gouverneur des frontières du Cumberland, pour demander un sauf-conduit et l'hospitalité pour la reine d'Écosse.

Le lendemain, l'abbé Ambroise, se promenant avec Roland dans le jardin de l'abbaye, lui témoigna combien il désapprouvait le parti qu'on venait de prendre. — C'est la plus insigne imprudence, dit-il; la reine ferait mieux de confier sa personne aux montagnards sauvages ou aux brigands des frontières, qu'à la bonne foi d'Élisabeth. Une femme se fier à une rivale! l'héritière présomptive du trône d'Angleterre se livrer entre les mains d'une reine jalouse! Roland, Herries est un sujet loyal et fidèle; mais son conseil sera la ruine de sa maîtresse.

— Oui, vraiment, la ruine nous suit partout, dit un vieillard vêtu en frère lai, qui avait la bêche à la main, et que ni l'abbé ni Roland n'avaient pas d'abord aperçu. Ne me regardez pas avec cet air de suprise! C'est bien moi, moi, l'abbé Boniface à Kennaquhair, le jardinier Blinkhoolie à Kinross, et qui, chassé de place en place, suis venu me réfugier dans l'endroit où j'ai fait jadis mon noviciat. Et puisque vous voilà, sans doute il faudra encore en déguerpir. On me fait mener une vie bien dure pour un homme qui n'avait rien de plus cher au monde que la paix et la tranquillité !

— Avant peu, mon père, répondit l'abbé Ambroise, vous serez délivré de notre présence, et je crois bien que la reine ne vous causera plus d'embarras.

— C'est ce qu'on m'a déjà dit quand on m'a renvoyé de Kinross, dit Boniface d'un ton grondeur; mais je n'en ai pas moins été pillé par des soldats sur la route. Ils m'ont pris jusqu'au certificat que vous savez.... concernant le baron... Au surplus, c'était un maraudeur comme eux. Vous m'aviez demandé cette pièce; je n'avais jamais pu la trouver; eh bien, ils l'ont trouvée, eux : vous savez, c'était pour constater le mariage de... de... La mémoire me manque. Voyez quelle différence il y a entre les hommes. Le père Nicolas vous aurait conté cent histoires de l'abbé Ingelram, à l'ame duquel Dieu fasse paix ! il avait pourtant quatre-vingt-six ans; et moi, qui n'en ai que... Un moment, que je me souvienne...

— Le nom que vous cherchez n'est-il pas Avenel, mon bon père? s'écria Roland bouillant d'impatience, mais se modérant, de crainte d'offenser ou d'alarmer le vieillard.

— Oui, oui, Avenel ! Julien Avenel ! vous me remettez sur la voie. Eh bien, je gardais cette pièce avec soin; je n'avais pu la trouver quand l'abbé Ambroise, mon second successeur, m'en a parlé : mais, comme je vous le disais, les soldats la trouvèrent, et leur chef, l'ayant vue, se frappa un si grand coup sur la poitrine, que sa cuirasse sonna comme une cruche de cuivre vide.

— Sainte Marie! s'écria l'abbé, quel était donc ce chevalier, pour qu'il y prît tant d'intérêt! Quelles étaient ses couleurs, ses armoiries, sa devise, sa taille, sa tournure?

— Tant de questions me fatiguent. A peine osai-je le regarder. On m'accusait d'être porteur de lettres pour la reine Marie : on fureta dans mes papiers; et voilà le résultat de votre belle affaire de Lochleven.

— Je crois véritablement, dit l'abbé Ambroise à Roland, qui tremblait d'impatience, que cette pièce importante est tombée entre les mains de mon frère; car je sais qu'immédiatement après l'évasion de la reine il a été chargé de battre le pays entre Stirling et Glascow, le régent n'ayant pas voulu croire aux bruits qu'on avait répandus pour le lui rendre suspect. Mais, dites-moi, mon père, ce chevalier ne portait-il pas sur son casque une branche de houx? Pouvez-vous vous en souvenir?

— Oh! se souvenir, se souvenir! dit Boniface; comptez autant d'années que j'en compte, et vous me direz ce dont vous vous souviendrez. A peine si je me souviens des poiriers que j'ai greffés l'année dernière.

En ce moment on entendit le son d'un cor du côté du rivage de la mer.

— C'est le signal de la chute définitive du trône de Marie Stuart, dit l'abbé. Il nous annonce l'arrivée de la réponse du gouverneur des frontières, et elle ne peut manquer d'être favorable : a-t-on jamais fermé la porte d'un piége à la proie qu'on veut y attirer? Du courage, Roland : nous reviendrons sur ce qui nous intéresse de si près ; mais en ce moment nous ne pouvons abandonner la reine. Suivez-moi ; faisons notre devoir, et laissons au ciel le soin du reste. Adieu, mon père ; je vous reverrai bientôt.

Pendant qu'il s'éloignait avec Roland, qui le suivait un peu à contre-cœur, l'ancien abbé reprit sa bêche.

— J'en suis fâché pour eux, dit-il ; certainement j'en suis fâché ; et pour cette pauvre reine ! Mais que peut y faire un homme de quatre-vingts ans ? D'ailleurs il a tombé de la rosée, et la matinée est favorable pour planter les choux de primeur.

— L'âge a affaibli ses facultés, dit Ambroise à Roland en l'entraînant : nous le questionnerons de nouveau ; mais en ce moment nous ne devons songer qu'à la reine.

Ils la trouvèrent sur le bord de la mer (1), entourée de sa petite suite, et ayant près d'elle le sheriff du Cumberland, seigneur de la maison de Lowther, richement vêtu, et ayant une escorte nombreuse de soldats. La physionomie de Marie annonçait un singulier mélange d'envie de partir et de désir de rester. Par ses discours et par ses gestes, elle cherchait à donner des espérances et des consolations à ceux qui l'environnaient, et elle semblait tentée de se persuader à elle-même que la démarche qu'elle allait faire était sans danger, et qu'elle devait compter sur l'assurance d'un bon accueil. Cependant ses lèvres tremblantes et ses yeux égarés prouvaient assez combien il lui en coûtait de quitter l'Écosse,

---

(1) Le départ de Marie forme le sujet de la vignette du titre de ce volume.

et combien elle craignait de se confier à la foi équivoque de l'Angleterre.

— Soyez le bien-venu, révérend abbé, et vous aussi, Roland, leur dit-elle : j'ai de bonnes nouvelles à vous apprendre. Cet officier de notre bonne sœur nous offre de sa part un asile assuré dans son royaume contre les rebelles qui nous forcent à fuir le nôtre. Mon seul chagrin, c'est d'être obligée de me séparer de vous pour un peu de temps.

— De vous séparer de nous, madame ! s'écria l'abbé. Le bon accueil qu'on vous promet en Angleterre commence-t-il donc à s'annoncer en vous privant de vos fidèles serviteurs, de vos conseillers ?

— Ne prenez pas les choses ainsi, mon bon père. Ce digne officier de notre affectionnée sœur croit devoir obéir à ses instructions à la lettre, et ne peut me recevoir qu'avec les dames de ma suite. On doit m'envoyer incessamment de Londres un exprès pour fixer le lieu de ma résidence, et je vous ferai prévenir tous dès que ma petite cour sera formée.

— Votre cour, madame ! en Angleterre ! pendant la vie et sous le règne d'Élisabeth ! Ce sera quand nous verrons deux soleils briller dans le firmament.

— Ne pensez pas ainsi. Nous ne pouvons douter de la bonne foi de notre sœur. Élisabeth est avide de renommée ; et toute celle qu'elle a acquise par sa puissance et sa sagesse n'est rien auprès de celle qu'elle obtiendra en accordant l'hospitalité à une reine infortunée. Toute la gloire dont elle pourrait se couvrir par la suite n'effacerait pas la tache dont elle se couvrirait en abusant de notre confiance. Adieu, mon page, mon chevalier, veux-je dire ; adieu pour un peu de temps.

J'essuierai les pleurs de Catherine, ou je pleurerai avec elle jusqu'à ce que nous n'ayons plus de larmes.

Elle tendit la main à Roland, qui, se jetant à ses genoux, la baisa avec autant d'émotion que de respect. Il se préparait à rendre le même hommage à miss Seyton quand la reine, prenant un air de gaieté, lui dit:

— Pas sur la main, sur les lèvres. Tu peux le permettre, *mignonne*. Il faut que ce seigneur anglais voie que, même dans notre climat glacé, la beauté sait récompenser la bravoure et la fidélité.

— Je sais, dit le sheriff avec politesse, que l'Écosse est célèbre par les charmes de ses dames et par la valeur de ses soldats; et je regrette de ne pouvoir offrir une réception cordiale en Angleterre à tous ceux qui voudraient y suivre celle qui est en Écosse la reine de la beauté comme celle du pays. Mais notre reine nous a donné des ordres positifs dans le cas où pareille circonstance se présenterait, et il est du devoir d'un de ses sujets de les exécuter. M'est-il permis de faire observer à Votre Majesté que la marée est favorable?

Le sheriff offrit la main à la reine; et elle avait déjà mis le pied sur le pont volant par où elle devait entrer dans l'esquif quand l'abbé, sortant tout à coup d'une espèce de stupeur dans laquelle l'avait jeté ce que venait de dire le sheriff, se présenta dans l'eau jusqu'à mi-jambes, et saisit Marie par le bas de sa robe.

— Elle l'a prévu! elle l'a prévu! s'écria-t-il: elle a prévu que vous chercheriez un asile dans ses états, et, le prévoyant, elle a donné ordre que vous y soyez reçue de cette manière! Princesse aveugle et trompée, vous êtes perdue si vous quittez ce rivage! Non, reine d'Écosse, vous n'abandonnerez pas ainsi votre héritage!

Vos sujets fidèles deviendront en ce moment rebelles à votre volonté; ils vous sauveront de la captivité ou de la mort. Ne craignez pas les arbalètes et les mousquets dont cet Anglais s'est fait accompagner; nous repousserons la violence par la violence. Oh! que n'ai-je en ce moment les armes et le bras de mon frère! Roland Avenel! mon fils, tire ton épée du fourreau?

— A quoi bon cette violence, sire prêtre? dit le sheriff : je suis venu ici sur la demande de votre reine; si mes services lui sont inutiles, elle n'a qu'à dire un mot, et je me retire. Il n'est pas étonnant que la sagesse de notre reine ait prévu qu'un tel événement pourrait arriver au milieu des troubles qui agitent votre royaume, et que, tout en désirant accorder l'hospitalité à sa sœur, elle ait jugé prudent de ne pas permettre l'entrée de ses états aux restes d'une armée débandée.

Tandis que l'abbé avait parlé, la reine, craintive et irrésolue, était restée un pied sur le pont, l'autre sur le rivage qu'elle allait quitter pour toujours; mais après avoir entendu le shériff, dégageant doucement sa robe : — Vous voyez, dit-elle à l'abbé, que c'est de notre pleine volonté que nous quittons ce royaume; et bien certainement nous serons libre ensuite de passer en France ou de rentrer dans nos domaines quand bon nous semblera. D'ailleurs, il est trop tard. Votre bénédiction mon père, et que Dieu vous protège!

— Puisse-t-il avoir compassion de vous, s'écria l'abbé, et vous protéger aussi! Mais mon cœur me dit que je vous vois pour la dernière fois.

Les voiles furent déployées, et l'esquif traversa rapidement le bras de mer qui sépare les rivages de Cumberland de ceux de Galloway. Les serviteurs de la reine, pleins d'inquiétude et de douleur, restèrent sur le bord de la mer jusqu'à ce qu'ils eussent perdu de vue le bâtiment qui s'éloignait; et ils aperçurent long-temps l'infortunée Marie agitant son mouchoir pour faire ses derniers adieux à ses fidèles amis et aux rivages de l'Écosse (1).

———

Si de bonnes nouvelles pour ce qui le concernait particulièrement avaient pu consoler Roland du départ de sa maîtresse et des malheurs de sa souveraine, il se serait cru heureux. Quelques jours après l'embarquement de la reine, un courrier hors d'haleine, et c'était Adam Woodcock lui-même, apporta des dépêches de sir Halbert Glendinning à l'abbé Ambroise, qui était encore, ainsi que Roland, à Dundrennan, où ils mettaient à la torture le pauvre Boniface à force de lui faire des questions. La lettre du chevalier d'Avenel les invitait tous deux à se rendre sans délai à son château. — La clémence du régent, lui disait-il, vous accorde un généreux pardon, ainsi qu'à Roland, à condition que vous resterez tous deux sous ma surveillance pendant quelque temps. J'ai aussi à vous communiquer, relati-

(1) Extrait de la lettre de Marie Stuart à Élisabeth :

« Je vous ay assés souvent priée de recevoir mon navire agité en votre port durant la tourmente. Si à ce coup, elle y trouvera port de salut, j'y jetterai mes ancres pour jamais, autrement la barque est en la garde de Dieu. Elle est prête et calfeutrée pour se défendre en course contre toutes les tourmentes. J'ai pleinement procédé avecques vous, encore fais-je. Ne prenez à mauvaise part si j'écris ainsi · ce n'est point deffiance que j'ay de vous, comme il apert, car je me repose du tout. » — Éd.

vement à Roland, des choses que ni vous ni lui ne serez pas fâchés d'apprendre, et qui doivent m'obliger à prendre plus d'intérêt que jamais à un jeune homme qui se trouve le plus proche parent de ma femme.

L'abbé lut cette lettre à haute voix, et garda le silence, comme s'il eût réfléchi sur ce qu'il devait faire. Pendant ce temps, Woodcock, prenant Roland à part, lui dit : — M. Roland, malgré tout ce que le moine pourrait vous dire, n'allez pas imiter le faucon mal dressé, qui laisse échapper le héron pour se jeter sur une hirondelle. Vous avez toujours eu les manières d'un gentilhomme : eh bien, lisez cela, et remerciez Dieu, qui a fait trouver sur notre chemin le vieil abbé Boniface, que deux hommes d'armes des Seytons conduisaient à Dundrennan; nous l'avons fouillé pour avoir quelques nouvelles de votre bel exploit de Lochleven, qui a coûté la vie à tant de monde, et qui m'a valu une chute de cheval dont j'ai encore les reins brisés, et nous avons trouvé ce qui valait mieux pour vous que pour nous : lisez cela, vous dis-je.

Le papier qu'il lui donna était une attestation du père Philippe, sacristain du couvent de Sainte-Marie, portant qu'il avait conféré secrètement le saint sacrement de mariage à Julien Avenel et à Catherine Græme; mais que, Julien s'étant repenti de cette union, lui, père Philippe, avait eu la faiblesse coupable de la tenir cachée, et de se rendre complice d'un complot imaginé par ledit Julien pour faire croire à ladite Catherine Græme que la cérémonie de son mariage avait été faite par un individu non revêtu du saint ordre de la prêtrise, et sans aucun caractère pour la rendre valide; que, se repentant sincèrement de cette faute, il s'en était confessé à son supérieur légitime, le père Boniface, abbé du couvent de Sainte-Marie, et lui avait remis le présent certificat, avec la date du mariage, et les noms des deux témoins qui y avaient assisté.

A cette pièce était jointe une lettre écrite par Julien Avenel à l'abbé Boniface, prouvant que celui-ci avait fait des démarches pour engager le premier à reconnaître son mariage avec Catherine Græme, et en avait obtenu cette promesse. Mais la mort de Julien et de son épouse, la croyance où l'on était généralement que leur enfant n'existait plus, la démission de l'abbé, et surtout son caractère nonchalant et insouciant, avaient fait oublier cette affaire; et Boniface ne se la rappela que lorsque le hasard amena une conversation sur la famille Avenel entre l'abbé Ambroise et son prédécesseur. Boniface, sur la demande de son successeur, avait alors cherché ces pièces; mais son amour-propre ne lui ayant pas permis de se faire aider dans cette recherche, elles seraient restées à jamais confondues parmi ses autres papiers, si les soldats de sir Halbert Glendinning n'en eussent fait la visite avec plus de succès.

— Ainsi donc, M. Roland, dit le fauconnier, vous voyez que vous êtes héritier d'Avenel, et que le domaine vous appartiendra quand mon maître et ma maîtresse seront à leur dernier asile. Quant à moi, je n'ai qu'une grace à vous demander, et j'espère que vous ne me la refuserez pas.

— Non, certainement, mon ami Adam, s'il est en mon pouvoir de vous l'accorder.

— Eh bien donc, si je vis assez long-temps pour voir ce jour, je désire que vous me permettiez de continuer à nourrir vos jeunes faucons avec de la chair non lavée ; car, après tout, c'est le seul...

— Vous les nourrirez comme vous le voudrez, mon cher Adam, dit Roland en riant. Je ne suis pas beaucoup plus vieux que lorsque je quittai le château d'Avenel ; mais je me flatte d'avoir acquis assez d'expérience pour laisser à chacun le soin d'exercer sa profession.

— En ce cas, M. Roland, je ne changerais pas ma place pour celle de fauconnier du roi... ni de la reine. Mais quant à elle, elle n'en aura plus besoin, s'il est vrai, comme on le dit, qu'on va la mettre en mue. Je vois que cela vous chagrine ; n'en parlons plus. Mais qu'y voulez-vous faire ? La fortune n'est pas un faucon ; il ne suffit pas de siffler pour la rappeler.

Roland et l'abbé se rendirent au château d'Avenel, où sir Halbert Glendinning les reçut avec une affection véritable, tandis que son épouse versait des larmes de joie en trouvant dans l'orphelin qu'elle s'était plu à protéger le dernier rejeton de sa famille. Le chevalier d'Avenel ne fut pas peu surpris en voyant le changement prodigieux qu'un temps si court avait produit en Roland, et fut enchanté de reconnaître que cet enfant gâté, ce page plein d'audace et de présomption, était devenu un jeune homme sage, doux, modeste, et digne d'obtenir, sans les demander, les égards qu'il exigeait autrefois sans les mériter. Le vieux majordome Wingate fut, on le juge bien, le premier à chanter ses louanges, et mistress Lilias elle-même les répéta aussi fidèlement que le meilleur écho, espérant toujours que Dieu lui ferait connaître le véritable évangile.

Depuis long-temps le cœur de Roland penchait en secret vers la religion réformée, et le départ du bon abbé pour la France, où il était allé avec l'intention de se retirer dans quelque maison de son ordre, éloigna de lui la première cause qui l'empêchait de renoncer à la religion catholique. Les liens qui l'attachaient à Magdeleine Græme, et la reconnaissance qu'il lui devait, formaient encore un obstacle non moins puissant. Mais quelques mois après son arrivée dans le château d'Avenel, il acquit la certitude qu'elle était morte à Cologne, par suite des fatigues qu'elle avait essuyées dans un pèlerinage entrepris pour la reine immédiatement après la déroute de Langside.

Le zèle de l'abbé Ambroise fut mieux entendu. Il se retira dans un couvent de son ordre sur le continent, où il vécut de manière que la congrégation semblait décidée à réclamer pour lui les honneurs de la canonisation : mais il devina leur projet, et les conjura en mourant de ne point honorer ainsi les dépouilles mortelles de celui qui fut un pécheur comme eux, mais d'envoyer son cœur dans une des chapelles de l'église de l'abbaye de Sainte-Marie de Kennaquhair, afin que le dernier abbé de cette maison reposât parmi ses ruines.

Long-temps avant cette époque, Roland avait épousé Catherine Seyton, qui, après avoir passé deux ans près de sa malheureuse maîtresse, fut renvoyée d'Angleterre quand on assujettit Marie à une détention plus rigoureuse. Elle retourna chez son père; et, comme Roland était reconnu pour l'héritier légitime de l'ancienne maison d'Avenel, dont les possessions avaient été considérablement augmentées par sir Halbert Glendinning, lord Seyton, échappé au désastre de Langside, consentit sans peine qu'elle épousât un jeune homme qui, quoique ayant donné à sa souveraine légitime des preuves de fidélité, jouissait pourtant d'un certain crédit, grace à l'influence d'Halbert Glendinning sur le parti dominant.

Roland et Catherine furent donc unis, en dépit de leurs différentes religions ; et la *Dame Blanche*, qui n'avait pas reparu depuis la mort de Julien, se montra sur le bord de sa fontaine favorite, le jour de leur mariage, avec une ceinture d'or aussi large que le baudrier d'un comte, symbole de la prospérité renaissante de la maison d'Avenel (1).

(1) L'histoire de Marie Stuart est si populaire, non-seulement en Écosse, mais dans tous les pays, que les notes de ce roman ne pouvaient être nombreuses. Il y a quelques années, un pêcheur retira dans ses filets le trousseau de clefs de lady Lochleven, que le jeune Roland avait confié au Kelpie du lac en quittant le rivage de l'île.

Nous avons cité un extrait de la lettre de Marie à Elisabeth, et le lecteur a pu y reconnaître un poète de l'école de Ronsard. Voici les mêmes idées rendues par elle en vers :

SONNET A ÉLISABETH.

Ung seul penser qui me profite et nuit,
Amer et doulx, change en mon cœur sans cesse ;
Entre le doubte et l'espoir qui m'oppresse,
Tant que la paix et le repos me fuit.

Donc chère sœur, si ceste carte suit
L'affection de vous veoir qui m'oppresse,
C'est que je vis en peine et en tristesse,
Si promptement l'effet ne s'ensuit.

J'ay vu la nef relâcher par contrainte
En haulte mer, proche d'entrer au port,
Et le serein se convertir en trouble.

Ainsi je suis en soucy et en crainte,
Non pas de vous, mais quante fois à tort
Fortune rompt violle et cordage double.

  Sir Walter Scott a donné le nom de Catherine à la plus jeune compagne de Marie Stuart, parce qu'il lui importait de la rapprocher par son âge du page Roland. Il y avait auprès de la reine à Lochleven une suivante du nom de Seyton; mais c'était une des quatre *Maries* mentionnées seulement dans l'ouvrage. Les quatre Maries étaient quatre jeunes personnes que la mère de Marie Stuart avait placées auprès de sa fille pour être les compagnes de ses jeux et de ses études, et plus tard ses amies. Elles avaient été choisies du même âge qu'elle. C'étaient Marie Livingston, Marie Fleming, Marie Seyton et Marie Beatoun. — Éd.

FIN DE L'ABBÉ.

OEUVRES COMPLÈTES
DE
SIR WALTER SCOTT.

Cette édition sera précédée d'une notice historique et littéraire sur l'auteur et ses écrits. Elle formera soixante-douze volumes in-dix-huit, imprimés en caractères neufs de la fonderie de Firmin Didot, sur papier jésus vélin superfin satiné; ornés de 72 *gravures en taille-douce* d'après les dessins d'Alex. Desenne; de 72 *vues* ou *vignettes* d'après les dessins de Finden, Heath, Westall, Alfred et Tony Johannot, etc., exécutées par les meilleurs artistes français et anglais; de 30 *cartes géographiques* destinées spécialement à chaque ouvrage; d'une *carte générale de l'Écosse,* et d'un *fac-simile* d'une lettre de Sir Walter Scott, adressée à M. Defauconpret, traducteur de ses œuvres.

CONDITIONS DE LA SOUSCRIPTION.

Les 72 volumes in-18 paraîtront par livraisons de 3 volumes de mois en mois; chaque volume sera orné d'une *gravure en taille-douce* et d'un titre gravé, avec une *vue* ou *vignette*, et chaque livraison sera accompagnée d'une ou deux *cartes géographiques*.

Les *planches* seront réunies en un cahier séparé formant *atlas*.

Le prix de la livraison, pour les souscripteurs, est de 12 fr. et de 25 fr. avec les gravures avant la lettre.

Depuis la publication de la 3e livraison, les prix sont portés à 15 fr. et à 30 fr.

ON NE PAIE RIEN D'AVANCE.

Pour être souscripteur il suffit de se faire inscrire à Paris

Chez les Éditeurs:

CHARLES GOSSELIN, LIBRAIRE
DE S. A. R. M. LE DUC DE BORDEAUX,
Rue St.-Germain-des-Prés, n. 9.

A. SAUTELET ET Cº,
LIBRAIRES,
Place de la Bourse.

www.ingramcontent.com/pod-product-compliance
Lightning Source LLC
Chambersburg PA
CBHW060128170426
43198CB00010B/1077